FACULTÉ DE DROIT DE PARIS

THÈSE

POUR

LE DOCTORAT

PAR

JACQUES-ALPHONSE GLANGEAUD

AVOCAT A LA COUR D'APPEL DE PARIS

PARIS

IMPRIMERIE ARNOUS DE RIVIÈRE ET Cie

26, RUE RACINE, 26

1874

FACULTÉ DE DROIT DE PARIS.

DE LA RÉVOCATION DES ACTES FAITS PAR LE DÉBITEUR EN FRAUDE DES DROITS DE SES CRÉANCIERS

THÈSE POUR LE DOCTORAT

SOUTENUE

le jeudi 9 juillet 1874, à midi

PAR

JACQUES-ALPHONSE GLANGEAUD

Né à Limoges (Haute-Vienne)

AVOCAT A LA COUR D'APPEL DE PARIS

PRÉSIDENT : M. DUVERGER, Professeur.

SUFFRAGANTS : MM. MACHELARD, BUFNOIR, LÉVEILLÉ, Professeurs. BOISTEL, Agrégé.

Le candidat répondra, en outre, aux questions qui lui seront faites sur les autres matières de l'enseignement.

PARIS

IMPRIMERIE ARNOUS DE RIVIÈRE ET Cie

RUE RACINE, 26, PRÈS DE L'ODÉON.

1874

A MES PARENTS

A MES AMIS

INTRODUCTION.

La propriété, instinct naturel de l'homme à tous les âges de la vie, but unique et récompense indispensable du travail, devait, dans toute société organisée, être entourée de garanties sérieuses. L'homme devait être certain de posséder le fruit de ses efforts pour travailler avec confiance et avec ardeur.

Pénétrés de cette vérité, les législateurs de tous les pays ne se sont pas bornés à formuler en textes de lois les principes d'équité et de justice qui servent de fondement à la science du droit. A côté du précepte, ils ont organisé des procédés pratiques destinés à faire respecter la propriété justement acquise.

Mais à côté de la propriété et de ses démembrements, l'homme a, dans son patrimoine, une foule de droits connus sous le nom de droits personnels ou d'obligations.

Cette partie de la fortune privée demandait, comme l'autre, à être soigneusement garantie, et l'État devait, dans son intérêt bien entendu, veiller à la scrupuleuse exécution des obligations contractées par chacun de ses membres.

Les procédés employés pour atteindre ce but ont varié avec les temps et les mœurs.

A l'origine, les législations sont rigoureuses à l'excès; c'est la liberté du débiteur, sa vie même qui répondent de sa dette; plus tard on arrive à un état de civilisation juridique plus avancé; le créancier s'attaquera surtout aux biens, mais ce progrès est lent à réaliser; pendant de longs siècles la liberté du débiteur est suspendue provisoirement, quand elle n'est pas détruite à jamais. Enfin il faut se reporter à notre époque pour constater le progrès final.

Chez nous, les créanciers n'ont en principe action que sur les biens du débiteur : « Quiconque, dit l'article 2092 du Code civil, s'est obligé personnellement, est tenu de remplir son engagement sur tous ses biens mobiliers et immobiliers, présents et à venir. » Le créancier a donc un droit général de gage sur les biens de son débiteur. Toutefois ce gage est essentiellement variable et imparfait, car le patrimoine, considérable aujourd'hui, peut être demain réduit à néant. Le moyen paraît donc être inefficace; et, en effet, on ne peut enlever à un débiteur l'administration de sa fortune dès qu'il a des créanciers; le remède serait pire que le mal. D'un autre côté, permettre au débiteur de diminuer sa fortune à sa guise par des libéralités, le laisser enrichir des tiers de mauvaise foi, aux dépens de ses créanciers, c'est leur retirer d'une main la garantie qu'on leur accorde de l'autre.

Pour être juste, il fallait autoriser seulement les actes accomplis de bonne foi et permettre d'attaquer ceux qui étaient entachés de dol.

C'est ce que fit le préteur romain en introduisant l'action Paulienne. Il sut, dans une matière aussi délicate, venir en aide aux créanciers tout en respectant le droit du débiteur et celui des tiers contractants.

L'action Paulienne, à laquelle le Digeste consacre un titre entier, passa dans notre ancienne jurisprudence et le Code civil l'a sanctionnée dans l'article 1167.

Il est remarquable que cette action remonte à peu près à la même époque que la *bonorum venditio.* En effet, il semble résulter d'un texte de Cicéron que la révocation des actes frauduleux était admise de son temps (lettre à Atticus, I. 10) ; et, d'autre part, Gaïus nous apprend que la *bonorum venditio* a été imaginée par Rutilius, lequel était contemporain de Cicéron (Gaius, § 35, Com. IV). C'est la preuve évidente que l'action Paulienne était le corollaire obligé du droit de gage reconnu aux créanciers sur les biens de leur débiteur.

Nous nous trouvons donc en présence d'une action qui a deux mille ans d'existence. Elle a traversé ce long espace de temps en conservant ses caractères principaux et ses conditions fondamentales. Quel plus bel éloge peut-on faire de la législation romaine?

Mais une étude sur l'action Paulienne n'est pas seulement intéressante au point de vue historique et doctrinal ; elle fournit aussi l'occasion, assez rare dans une thèse de droit, d'aborder des questions de fait ; elle permet d'abandonner quelquefois le domaine de la spéculation pure pour celui des affaires, et d'examiner dans quelles limites les magistrats peuvent légitimement exercer leur pouvoir d'appréciation.

Il y a plus, tous les procès suscités par la fraude et la mauvaise foi paraissent, au premier abord, soulever uniquement de simples questions de fait. Je suppose, par exemple, un acte de vente attaqué comme frauduleux par les créanciers du vendeur. Quel est le problème posé aux magistrats? Ils doivent, avant tout, examiner dans quelles circonstances a été passée cette vente, quelles ont été les démarches des parties, leur attitude, leurs faits et gestes. Or ce sont là, au premier chef, de pures questions de fait. On pourrait être porté à en conclure que la science du droit n'est pas absolument nécessaire pour juger de pareilles affaires, et que, dans tous les cas, les jugements rendus, dans ces circonstances, échappent toujours à la censure de la Cour de cassation. Il serait impossible d'imaginer deux conclusions plus fausses; je dois pourtant m'y arrêter un instant, dans l'intérêt des principes, et aussi pour justifier, au point de vue doctrinal, le sujet que j'ai choisi.

Sans doute, les procès soulevés à l'occasion d'actes entachés de fraude présentent surtout à juger des questions de fait; mais, en droit, qu'est-ce que la fraude? Par qui et dans quels actes peut-elle être pratiquée? Par qui, contre qui et dans quel délai peut être intentée l'action Paulienne? Quelle est sa nature? Quels sont ses effets juridiques? Tous les procès pour fraude soulèvent ces questions de droit et, par suite, demandent, pour être bien jugés, une connaissance approfondie des principes. La science du droit est donc, en cette matière comme en toutes les autres, indispensable au magistrat. C'est là une vérité absolue. Tous les hommes appelés à rendre la justice à leurs semblables doivent s'en pénétrer; leur mission sera, je le reconnais, un peu plus laborieuse, mais aussi, s'il est possible, encore plus honorée.

Enfin, les principes sur lesquels repose l'action Paulienne sont très-fréquemment soumis à l'appréciation des tribunaux. Depuis surtout un certain nombre d'années, l'amour effréné du luxe, le besoin incessant de jouissances et le développement toujours croissant des doctrines matérialistes, ont poussé beaucoup d'hommes à chercher fortune par tous les moyens possibles. Des sociétés de toutes sortes ont été créées ; de toutes parts on a fait appel au crédit, et cela bien souvent pour soutenir des entreprises condamnées d'avance, et uniquement destinées à enrichir les fondateurs et administrateurs. Les tribunaux sont tous les jours appelés à frapper ces spéculateurs trop peu scrupuleux.

Mais la fraude est aussi pratiquée dans les transactions purement privées : souvent un acte authentique ou sous seing privé est attaqué pour cause de fraude.

Dans tous les procès de ce genre, la preuve testimoniale devait être admise, car l'auteur de la fraude cherche surtout à faire disparaître toutes preuves écrites. Pénétrés de cette vérité, nos anciens auteurs admettaient très-facilement, dans ces hypothèses, la preuve orale. Cette idée me paraît encore aujourd'hui absolument vraie, et les juges, à mon sens, ne doivent pas ici se montrer trop sévères sur les résultats de la preuve testimoniale.

Mais, peut-on objecter, les nullités sont odieuses, *odia restringenda*. Sans doute s'il s'agit de nullités de forme ; mais pour toutes celles qui tiennent au fond du droit, l'objection n'a absolument aucune portée. La morale et la justice, au contraire, exigent impérieusemeut l'annulation d'un acte qui, en apparence irréprochable, cache un traité injuste, arraché par le dol ou suggéré par la fraude. L'odieux serait de protéger, de près ou de loin, l'auteur supposé d'un acte semblable, et, en admettant avec peine la preuve testimoniale, de rendre très-difficile et souvent impossible la découverte de la fraude.

Un pareil résultat, évidemment contraire à l'esprit de la loi, doit être soigneusement évité par les magistrats.

Du reste, il faut le reconnaître, la mission du juge sera ici fort délicate ; qu'il médite profondément, avant d'admettre la preuve testimoniale sur une demande en annulation de titre pour cause de fraude ; qu'il s'entoure de tous les renseignements de nature à porter la conviction dans son esprit ; qu'il examine, notamment avant de se prononcer, la position des parties, la nature de la convention, les faits dont on demande la preuve ; mais que surtout, pour ne pas être trop exigeant, il n'oublie pas que la fraude est difficile à justifier. Le magistrat doit donc employer ses efforts à concilier tous les intérêts. Il atteindra ce résultat si désirable en appliquant, dans l'examen de ces difficultés, les saines notions de l'équité et du droit.

DROIT ROMAIN.

Deux titres sont consacrés par Justinien à l'action Paulienne : *Quæ in fraudem creditorum facta sunt ut restituantur*, au Digeste (l. 42, tit. 8) : *De revocandis his quæ in fraudem creditorum alienata sunt*, au Code (l. 7, tit. 75).

A côté de cette action, objet spécial de cette étude, on trouve en droit romain d'autres garanties accordées aux créanciers contre les actes frauduleux des débiteurs : 1° une action réelle, également appelée Paulienne, ainsi que je le démontrerai bientôt ; 2° un interdit fraudatoire ; 3° une nullité de plein droit, prononcée par la loi Ælia Sentia, pour les affranchissements ; 4° une action Favienne et Calvisienne. Je dirai quelques mots, dans un premier chapitre, des divers moyens de protection que je viens de mentionner et des difficultés historiques qui s'y rattachent. Je m'occuperai spécialement de l'action Paulienne personnelle dans un second chapitre.

CHAPITRE PREMIER.

§ 1. *De l'action Paulienne réelle.*

Le § 6, titre 6, livre 4, aux Institutes, est ainsi conçu : « ***Item si quis in fraudem creditorum, rem suam alicui tradiderit : bonis ejus a creditoribus, ex sententia præsidis, possessis, permittitur ipsis creditoribus, rescissa traditione, eam rem petere, id est dicere eam rem traditam non esse, et, ob id, in bonis debitoris mansisse.*** »

Le texte suppose une aliénation consentie par le débiteur en fraude de ses créanciers ; il permet à ces derniers de ressaisir la chose aliénée en faisant rescinder la tradition. Mais quelle est la nature de l'action accordée aux créanciers par ce paragraphe des Institutes? Il est évident, selon moi, que c'est une action réelle. Cependant des auteurs considérables ont émis une opinion contraire.

Vinnius (sur le § 6 des Institutes) pense que les Institutes n'ont entendu parler ici que d'une action personnelle. C'est par erreur, dit-il, que Justinien aurait placé cette action parmi les actions réelles.

Mais ce système me paraît insoutenable. Et d'abord comment supposer que Tribonien et ses collaborateurs fussent si ignorants des principes du droit qu'ils aient pris une action personnelle pour une action réelle? Du reste, les termes mêmes du texte sont trop formels ; ils indiquent des caractères trop essentiels à l'action *in rem* pour qu'on puisse admettre une pareille erreur. Enfin la rédaction des Institutes est conforme aux formules de revendication fictice que nous donne Gaïus (C. 4. § 34 et seq.).

Selon Voët (1), l'action rescisoire de l'aliénation, dont il est question aux Institutes, est bien réelle et se rapproche beaucoup de l'action Paulienne, mais elle n'est pas cette action; de sorte qu'il n'existe pas, d'après lui, d'autre Paulienne que la Paulienne personnelle, dont il est traité au Digeste et au Code. L'action des Institutes n'a pas pour fondement la fraude de l'acquéreur, mais le droit de gage prétorien, qui est accordé aux créanciers après l'envoi en possession : c'est une espèce d'action hypothécaire, dérivant du gage prétorien. Elle compète aux créanciers fraudés, contre ceux au profit de qui, après l'envoi en possession, a eu lieu l'aliénation, et contre tous autres possesseurs, sans distinction de leur bonne ou de leur mauvaise foi, attendu que la chose qui est frappée d'un droit de gage prétorien, en conserve la charge en quelques mains qu'elle passe.

Ce système est aussi évidemment inadmissible : En effet, s'il s'agissait dans le § 6, *De actionibus*, aux

1) Voët. *Com. ad Pandectas*, lib. 42, t. 8, p. 823.

Institutes, d'une espèce d'action hypothécaire, on n'exigerait pas la circonstance de fraude de la part du débiteur; car le droit de suite s'exerce contre tout possesseur, quelle que soit la cause de sa possession et, par conséquent, même lorsqu'elle n'est pas un acte frauduleux; et puis, à quoi bon avoir recours à une fiction? Est-ce que le créancier hypothécaire, en vertu de son droit de suite, ne peut pas agir directement sur la chose hypothéquée, sans avoir à s'occuper de la personne du débiteur? Comment admettre, enfin, que Justinien aurait parlé de cette action qui, suivant Voët, ne serait qu'un cas d'application de l'action hypothécaire, avant d'avoir traité de celle-ci, dont il semble s'occuper, pour la première fois au § 7 seulement? Ainsi, rien ne vient démentir le passage de Théophile qui nous apprend que le § 6, *De actionibus*, aux Institutes, a pour objet une action réelle, appelée Paulienne.

L'action du § 6 est donc vraiment une action réelle; c'est une revendication fictice, basée sur cette idée que l'aliénation frauduleuse est non avenue. (Comp. §§ 5 et 6 aux Institutes.)

De tout ceci il résulte qu'il y avait, en droit romain, deux actions Pauliennes, l'une réelle et l'autre personnelle (1).

Recherchons les différences qui existaient entre elles. L'action personnelle a un cercle d'application bien plus étendu que l'action réelle; l'action

(1) Ducaurroy, t. 2. n°s 1198-1200; Ortolan, t. 3, n° 2086.

réelle n'a trait qu'aux aliénations, l'action personnelle porte sur toutes sortes d'actes. Par contre, l'action réelle a un grand avantage, elle ressemble beaucoup à la *rei vindicatio ;* le demandeur obtient donc la restitution de la chose quel que soit l'état des affaires du défendeur, tandis que le demandeur à l'action personnelle, ne se présentant qu'à titre de créancier, doit subir la loi commune et se contenter d'un dividende, si l'adversaire est insolvable. Les deux actions sont arbitraires, mais il y a, à ce point de vue, une différence importante entre elles. L'*arbitrium* du juge, sur l'action réelle, est exécutoire *manu militari;* il en est différemment quand il s'agit de l'action personnelle. L'*arbitrium*, en effet, n'est exécutoire *manu militari* que s'il s'agit de lever un obstacle de fait, non s'il faut lever un obstacle de droit ; or, quand il s'agit de l'action personnelle, le juge ordonne à l'autre partie non-seulement de rendre la chose, mais d'en retransférer la propriété; ce résultat ne peut être obtenu *manu militari*.

L'action réelle ne peut être intentée que contre une personne qui possède ou a cessé par dol de posséder; l'action personnelle se donne contre l'acquéreur alors même qu'il a cessé sans dol de posséder. On pourrait croire cependant que l'action réelle peut être intentée contre tout possesseur; et, en effet, l'aliénation étant annulée par le préteur, les créanciers se trouvent dans une situation analogue à celle du demandeur à la *rei vindicatio*. Néanmoins, cette solution me semble difficile à admettre. L'action

Paulienne, en effet, est toute d'équité, or, on arriverait, avec cette assimilation, à des injustices flagrantes; on sacrifierait des tiers innocents à des créanciers, dignes d'intérêt sans doute, mais qui pouvaient éviter la situation dans laquelle ils se trouvent, en demandant des sûretés, ou en prenant des renseignements plus précis sur le compte de leur débiteur. Je pense donc que le préteur qui n'accordait jamais la *restitutio in integrum* que *cognita causa*, ne le faisait qu'avec certaines restrictions, ou donnait une *restitutio* conditionnelle avec mission pour le juge d'apprécier les circonstances; en un mot, le préteur ne prononçait la rescision que lorsqu'il pouvait le faire sans blesser l'équité (1).

On peut aussi noter une différence quant à la compétence et à la procédure. A l'époque classique, la règle : *actor sequitur forum rei*, s'appliquait à toutes les actions, personnelles ou réelles. Théodore Valentinien et Arcadius donnèrent aux plaideurs, en matière réelle, la faculté de saisir le magistrat de la situation; enfin Justinien fit de cette permission une condition nécessaire.

Dans l'action personnelle le défendeur, comparaissant lui-même, ne doit aucune caution; dans l'action réelle, il doit la caution *judicatum solvi*.

Il me reste à résoudre une difficulté historique : Laquelle de l'action réelle ou de l'action personnelle est venue la première?

(1) L. 3, *De in integr. restitutionibus*.

Des commentateurs considérables pensent que l'action réelle fut le premier secours donné aux créanciers frustrés. Le préteur n'avait d'abord prévu que les aliénations frauduleuses ; plus tard il étendit ce système au moyen de l'action Paulienne personnelle, et l'action Paulienne *in rem* fut, dès lors, abandonnée, sinon en droit, du moins en fait (1).

Je pense, au contraire, que l'action réelle a suivi et non précédé l'action personnelle. Voici mes arguments : D'abord, entre deux actions, la plus ancienne doit être la plus imparfaite. Or l'action personnelle est la plus imparfaite puisqu'elle aboutit seulement à une condamnation à une somme d'argent qui se partagera, en cas d'insolvabilité du tiers acquéreur, entre ses créanciers et ceux du débiteur, tandis que l'action réelle donne aux créanciers du débiteur le droit de ressaisir la chose dans leur intérêt exclusif.

Ensuite le silence du Digeste est impossible à justifier dans l'opinion adverse. Si l'action réelle est venue la première, comment comprendre que le Digeste ne dise pas un mot de cette action et que les Institutes seules en parlent ? Il serait tout à fait singulier que, dans un ouvrage élémentaire, on eût précisément parlé d'une action depuis longtemps abandonnée sans s'occuper de celle qui l'avait remplacée. Il serait aussi fort étonnant que Théophile, dans sa paraphrase, eût reproduit une aussi grosse erreur.

(1) Ortolan, *Explic. hist. des Inst.* sur le § 6 *De actionibus*. Ducaurroy, *Inst. eod. loco*.

§ 2. *Interdit fraudatoire* (L. 10, pr., D., liv. 42, 1. 8; L. 96, pr., D., *De solutionibus*.)

L'existence de l'interdit fraudatoire nous est attestée par ces textes et notamment la loi 10 pr., *Quæ in fraudem creditorum*, au Digeste, nous en a transmis la formule.

Cet interdit est un des procédés mis en vigueur, dans la législation prétorienne, pour sauvegarder le droit des créanciers; mais il donne lieu aux difficultés que soulèvent en général les interdits; quel était son rôle? quelle était son origine? On ne peut présenter, à cet égard, que des conjectures. Le mieux est de supposer que l'interdit a été créé à l'époque où le préteur ne donnait pas encore d'action, et a cessé de vivre, sinon en droit, du moins en fait, quand l'action a pris naissance.

Ainsi et en résumé, je pense que l'action Paulienne personnelle est le développement naturel de l'interdit fraudatoire, qu'elle a été créée immédiatement après lui, et qu'ensuite, plus tard, une action réelle est venue compléter le système de législation.

§ 3. *Loi* Ælia Sentia.

Promulguée en l'année 757 de Rome, sous le règne d'Auguste, cette loi contenait de nombreuses dispositions et notamment une qui se rapporte directement à l'objet de cette étude. Les Institutes s'y réfèrent dans le titre 6, livre 1er : « *Non tamen cuicumque volenti manumittere licet. Nam is qui in fraudem creditorum manumittit nihil agit, quia lex Ælia Sentia impedit libertatem.* » « *Is qui in fraudem creditorum manumittit*, nous dit aussi Gaïus (1), *nihil agit quia lex Ælia Sentia impedit libertatem.* » Malgré les termes énergiques des Institutes et de Gaïus, je suis porté à croire que l'affranchissement n'est pas absolument ici frappé d'impuissance et qu'il produira ses effets s'il n'est pas attaqué par les créanciers dans un certain délai. Quel était ce délai? Paul limite à dix ans le droit qu'a le fisc de faire valoir la nullité des affranchissements frauduleux (2). Sans doute, dans l'espèce rapportée par Paul, il s'agissait d'un débiteur du fisc, mais il est vraisemblable que c'était l'application du droit commun.

Quelles conditions doivent se trouver réunies pour que l'affranchissement soit frauduleux? D'après Gaïus, le préjudice était suffisant. Mais, dans la doctrine définitive (Inst., § 3, liv. 1, tit. 6), on subordonne la nullité des affranchissements frauduleux à deux conditions, le préjudice et la fraude. Telle était l'opinion professée par Papinien et Julien (3).

Les différentes dispositions de la loi *Ælia Sentia*

(1) Comm. I, § 37.

(2) L. 16, § 3, D., *Qui et a quibus man.* (40, 9). Comp. Demangeat, *Cours élémentaire de droit romain*, t. 1, p. 202 et suiv.

(3) L. 79, D., *De regulis juris;* L. 15, D., *Quæ in fraud. cred.*

recevaient exception dans un cas : lorsque le débiteur affranchissait un esclave pour en faire son héritier nécessaire (1). Du reste, cette exception était entendue d'une façon fort étroite; elle avait été admise afin d'empêcher que la mémoire du défunt fût déshonorée par la vente des biens sous son nom. La présence d'un seul héritier suffisait à empêcher ce résultat. Si donc le testateur a affranchi et institué plusieurs esclaves, le premier seul deviendra libre et héritier nécessaire, et si les deux esclaves portent le même nom, les deux affranchissements seront nuls.

Une difficulté historique assez grave s'élève pour déterminer si la loi *Ælia Sentia* a précédé ou suivi l'action Paulienne. Je crois qu'elle l'a suivie, et qu'ici le droit civil s'est inspiré du droit prétorien. Cujas en trouve la preuve dans ce passage de Cicéron : « *Cæcilius, avunculus tuus, a P. Vario quum magna pecunia fraudaretur, agere cœpit cum ejus fratre Caninio Satrio de iis rebus, quas cum dolo malo mancipio accepisse de Vario diceret.* » On prétend, il est vrai, que Cicéron, dans ce passage, a voulu parler de l'action de dol et non pas de l'action Paulienne; mais les termes qu'il emploie excluent cette manière de voir. L'action de dol, en effet, est dirigée contre l'auteur des manœuvres frauduleuses, tandis

(1) Pour plus de détails, voir : MM. Demangeat, op. cit. I, p. 202 et suiv.; Ortolan, *Explic. hist. des Institutes*, t. 2, n°s 70 et suiv.

que l'action dont il s'agit ici est dirigée contre un tiers.

On peut faire cette objection : l'édit du préteur dont Ulpien nous dit : « *Verba edicti late patent,* » devait s'appliquer aux affranchissements. A quoi bon, dès lors, la loi *Ælia Sentia?* Je réponds que la matière des affranchissements avait reçu, à Rome, des règles particulières. On peut très-bien admettre que le préteur ait reculé devant la nécessité de remettre en servitude des personnes affranchies. Le préteur osait toucher à des intérêts pécuniaires, mais il est permis de croire qu'il ait hésité à admettre les mêmes principes, en présence de la grande faveur due à la liberté.

Si l'on objecte que, par la *bonorum possessio contra tabulas*, donnée à l'enfant émancipé, omis dans le testament du *paterfamilias*, le préteur faisait tomber avec le testament les affranchissements testamentaires (1), je réponds qu'à l'époque où la loi *Ælia Sentia* fut rendue, le préteur n'aurait accordé, en pareille circonstance, qu'une *bonorum possessio sine re* et aurait par conséquent respecté l'affranchissement.

§ 4. *Actions Favienne et Calvisienne.*

La loi *Ælia Sentia* protégeait aussi le patron contre les affranchissements faits par son affranchi en fraude

(1) Gaius, comm. II. § 135.

de la légitime que lui assuraient tant l'édit du préteur que le système particulier de succession établi par la loi *Pappia Poppæa.*

Plus tard on créa deux actions pour permettre au patron de faire révoquer les actes quelconques que ferait l'affranchi en fraude de ses droits : l'action Favienne quand le patron venait *ab intestat*, l'action Calvisienne quand il attaquait le testament par la *bonorum possessio contra tabulas* (1).

Il y a plusieurs différences entre ces deux actions et l'action Paulienne. Elles résultent de cette règle, que l'action Paulienne est donnée contre le tiers complice ou donataire, tandis que les actions Favienne et Calvisienne sont accordées contre l'acte fait par l'affranchi (2).

Citons enfin les actions Favienne et Calvisienne utiles, ouvertes au profit de l'adrogé impubère, pour faire révoquer les actes faits par l'adrogeant en fraude de ses droits (3).

J'aborde maintenant l'examen des textes consacrés au Digeste et au Code à l'action Paulienne personnelle. J'entrerai immédiatement en matière sans rien dire ici de la condition des débiteurs dans les premiers temps de Rome et des procédés antérieurs suivis par le législateur romain pour donner satisfaction aux créanciers. Cet ordre d'idées, fort intéressant du reste, demanderait des dévelop-

(1) L. 3, §§ 2 et 3, D., *Si quid in fraud. patr.*
(2) L. 1, pr., D., *Quæ in fraud. cred.*
(3) L. 13, D., *Si quid in fraud. patr.*

pements considérables et ne touche que très-indirectement à l'objet de cette étude (1).

CHAPITRE DEUXIÈME.

DE L'ACTION PAULIENNE PERSONNELLE.

DIVISION.

I. Des actes à l'occasion desquels l'action Paulienne peut être intentée.

II. Conditions requises pour que l'action Paulienne puisse être intentée avec succès.

III. Nature de l'action Paulienne.

IV. A qui l'action Paulienne est accordée.

V. Contre qui elle est donnée.

VI. Des effets de l'action Paulienne.

SECTION PREMIÈRE.

Des actes à l'occasion desquels est donnée l'action Paulienne.

Ulpien, dans la loi 1, § 2, D., *Quæ in fraud. cred.*, pose le principe en ces termes : « *Hæc verba generalia sunt et continent in se omnem omnimodo in fraudem factam vel alienationem vel quemcumque contractum. Quodcumque igitur fraudis causa factum*

(1) Consulter sur ce sujet, M. Giraud : *Des Nexi ou de la condition des débiteurs chez les Romains;* Jules Tambour *Des voies d'exécution sur les biens des débiteurs*, t. 1, p. 24-30. Ortolan, *Explication historique des Institutes*, t. 1, p. 159-202 et 203, t. 3, p. 579; Demangeat, *Cours élémentaire de droit romain*, t. 2, p. 130 et suiv.; Accarias, *Précis de droit romain*, t. 2, p. 170 et suiv.

est videtur his verbis revocari, qualecumque fuerit, nam late ista verba patent. »

Malgré la généralité des termes de l'édit, les créanciers pouvaient bien attaquer tous les actes par lesquels leur débiteur diminuait frauduleusement son patrimoine, mais non ceux par lesquels il manquait d'acquérir. La distinction est faite de la manière la plus formelle par la loi 6, pr., D., *Quæ in fraud. cred.*

§ 1. *Actes par lesquels le débiteur amoindrit son patrimoine.*

Notre titre, après avoir posé la règle, nous indique, comme exemples, un assez grand nombre d'actes tombant sous le coup de l'action Paulienne; ainsi ceux par lesquels un débiteur ou une débitrice, agissant en fraude de ses créanciers : consentait des aliénations, des obligations, des remises de dettes par une acceptilation ou par un pacte (1); abdiquait son droit de gage (2); donnait à l'un de ses créanciers un droit de préférence sur les autres (3); fournissait à son débiteur une exception opposable à l'action qu'il avait contre lui; prêtait des deniers (4); se laissait condamner sans se défendre; laissait périmer une instance qu'il poursuivait, ou prescrire une créance; perdait par le non usage un usufruit ou une servitude (5); abandonnait une chose dans le but

(1) L. 1, § 2, D., *Quæ in fraud. cred.*
(2) L. 2 et L. 18, D., *Quæ in fraud. cred.*
(3) L. 2, eod. tit.
(4) L. 3, pr., eod. tit.
(5) L. 3, § 1, eod. tit.

que quelqu'un se l'appropriât par occupation (1); payait l'un de ses créanciers après l'envoi en possession alors que tous devaient être dans la même condition (2); acquittait, étant héritier nécessaire, les legs mis à sa charge au delà de l'actif net de l'hérédité (3); n'usait pas du bénéfice d'abstention ou de restitution *in integrum* quand il le pouvait (4); donnait un gage pour sûreté d'une dette ancienne (5); donnait quittance à son mari du montant de sa créance sans l'avoir reçu, et cela dans le but de se constituer une dot (6); constituait une dot à sa fille (7); faisait un pacte de bornage avec son voisin sur un fonds donné en gage à son créancier (8); affranchissait de son obligation le fidéjusseur de son débiteur (9).

Parmi les actes de cette catégorie, il y en a qui présentent de sérieuses difficultés : je veux parler des payements qui seraient faits avant la *missio in possessionem* à l'un des créanciers en fraude des autres. Peuvent-ils être atteints par l'action Paulienne? Trois cas sont à considérer : 1° le débiteur a payé l'un de ses créanciers dont la créance était échue, mais qui n'aurait eu droit qu'à un dividende après la *missio in possessionem*; 2° il a payé une dette non

(1) L. 5, eod. tit.
(2) L. 6, § 7, *in fine*, eod. tit.
(3) L. 6, § 13 et L. 23, *in fine*, eod. tit.
(4) L. 10, § 10, eod. tit.
(5) L. 10, § 13 et L. 22, eod. tit.
(6) L. 10, § 14, eod. tit.
(7) L. 14, *in fine*, eod. tit.
(8) L. 21, eod. tit.
(9) L. 25, pr., eod. tit.

échue, mais dont l'échéance devait arriver avant la *missio in possessionem* ou qui, étant privilégiée, devait être intégralement payée après la *missio in possessionem ;* 3° enfin le débiteur a payé une dette non échue et dont l'échéance ne devait arriver qu'après la *missio in possessionem* et qui n'était point privilégiée. Le payement, dans ces trois hypothèses, peut-il être révoqué par l'action Paulienne et quelles distinctions faut-il faire à cet égard ?

A. Payement d'une dette échue mais qui ne donne droit qu'à un dividende après la *missio in possessionem.*

Cette hypothèse a donné naissance a trois systèmes. Le premier décide que le payement peut être attaqué toutes les fois que le débiteur l'a fait *per gratificationem*, sans qu'il y ait à distinguer suivant la bonne ou la mauvaise foi du créancier ainsi payé. Le deuxième admet aussi l'action Paulienne, mais seulement alors que les conditions ordinaires de cette action se trouvent réunies. Le troisième répousse absolument ici l'application de l'action Paulienne.

Le premier système s'appuie sur les lois 6, §§ 1 et 2, D., *De rebus auctoritate judicis possidendis*, et 24, D., *Quæ in fraud. cred.* La même espèce est prévue par ces textes : Un pupille, héritier sien, paye un créancier de la succession au détriment des autres et use ensuite du bénéfice d'abstention. Consultés sur la question de savoir si ce payement peut être révoqué, les jurisconsultes répondent : Oui, s'il a été fait *per gratificationem ;* non, s'il a été fait sur la poursuite du créancier. L'espèce particulière, prévue par ces textes, me fait repousser cette première opinion. Il s'agit, en effet, dans ces deux lois, d'un pupille, héritier sien, qui paye un créancier, puis s'abstient de l'hérédité. Or il est de principe que les actes faits de bonne foi, avant l'abstention, par le pupille, héritier sien, s'abstenant ensuite, sont valables (1). Donc on ne peut tirer de cette décision, relative au payement, aucun argument en ce qui concerne l'action Paulienne.

Le second système applique aux payements le principe général de l'action Paulienne : il s'appuie notamment sur : 1° les termes généraux de l'Édit ; 2° la loi 96, pr., D., *De solutionibus :* Un tuteur délègue à son créancier un débiteur du pupille ; ce payement pourra-t-il être révoqué sur la demande du pupille ? Oui, répond Papinien, si le créancier a été de mauvaise foi.

Je n'adopte pas encore cette opinion. Les expressions dont se sert l'Édit sont, il est vrai, très-générales, mais encore faut-il, pour les appliquer, rencontrer la mauvaise foi, et comment un créancier qui reçoit ce qui lui est dû peut-il être de mauvaise foi ? Quant à l'argument tiré de la loi 96, D., *De solutionibus*, il ne saurait me toucher, à raison de l'espèce toute particulière à laquelle se rapporte ce texte.

(1) L. 44, D., *De adquirenda vel amittenda hæreditate.*

Le troisième système me paraît seul exact ; le créancier qui a reçu avant la *missio in possessionem* le payement intégral d'une dette échue est, dans tous les cas, à l'abri de l'action Paulienne. Je cite à l'appui de cette opinion : 1° la loi 129, D., *De regulis juris*, où il est dit, en termes généraux, que « *nihil dolo creditor facit qui suum recipit;* » 2° la loi 6, §§ 6 et 7, D., *Quæ in fraud. cred.* Le § 7 notamment ne peut laisser aucun doute à cet égard : « *Sciendum Julianum scribere eoque jure nos uti, ut qui debitam pecuniam recepit, antequam bona debitoris possideantur, quamvis sciens prudensque solvendo non esse recipiat, non timere hoc edictum ; sibi enim vigilavit ;* 3° la loi 10, § 16, D., *Eod. tit.*, 4° enfin la loi 24, D., *Eod. tit.*, où le créancier qui s'est fait payer, attaqué par l'action Paulienne, répond avec succès : *Sed vigilavi, meliorem meam conditionem feci ; jus civile vigilantibus scriptum est ; ideoque non revocatur id quod percepi.* »

B. Payement d'une dette non échue, mais dont l'échéance devait arriver avant la *missio in possessionem*, ou d'une dette qui, étant privilégiée, devait être intégralement payée après la *missio in possessionem.*

D'après M. de Vangerow, l'action ne serait admise ni dans un cas ni dans l'autre. D'après M. Francke, l'action Paulienne serait admise, dans ces deux cas, sans distinction : elle servirait à faire rendre aux créanciers l'*interusurium*, c'est-à-dire l'intérêt qu'aurait rapporté l'argent à la masse des créanciers, si le créancier n'eût pas été payé prématurément. J'adopte une opinion intermédiaire, d'après laquelle l'action Paulienne doit être admise dans ces deux cas, à la condition qu'il y ait eu, de la part du débiteur, intention frauduleuse. La complicité du créancier ne me semble pas ici nécessaire, car il lutte *de lucro captando* quand il veut garder l'intérêt qu'aurait rapporté à la masse l'argent dont il a été payé avant l'échéance. Or le donataire, même de bonne foi, est soumis à l'action Paulienne. J'appuie mon système sur : 1° la loi 10, § 12, D., *Quæ in fraud. cred.* : « *Si quum in diem mihi deberetur fraudator præsens solverit, dicendum erit quod in eo quod sensi commodum in representatione in factum actioni locum fore ; nam prætor fraudem etiam in tempore fieri intelligit.* » Dire qu'il y a lieu à l'application de l'action, c'est dire que les conditions ordinaires de cette action devront être réunies ; 2° la loi 17, § 2, D., *eod. tit.*, qui applique cette solution générale à une hypothèse particulière, celle d'un mari qui renonce aux délais auxquels il a droit pour restituer la dot de la femme et la restitue immédiatement.

C. Payement d'une dette dont l'échéance ne devait arriver qu'après la *missio in possessionem* et qui, n'étant pas privilégiée, ne devait donner droit qu'à un simple dividende.

Dans cette hypothèse, M. de Vangerow refuse l'action. Je pense, au contraire, avec M. Francke, en l'absence de tout texte sur ce point, que la masse des créanciers pourrait exercer ici une action en répétition de la différence entre ce que le créancier payé a reçu et ce qu'il aurait dû recevoir, mais à la condition que le débitenr eût été ***conscius fraudis.***

Je viens de parler des payements faits avant la ***missio in possessionem***. Ceux faits après sont évidemment de nul effet. Mais c'est moins ici une application de l'action Paulienne qu'un effet du dessaisissement qui résulte contre le débiteur de l'envoi en possession obtenu par ses créanciers. Cette décision est, du reste, écrite dans les lois 6, § 7, et 10, § 16, D., hoc. tit.

§ 2. *Actes par lesquels le débiteur néglige d'augmenter son patrimoine.*

Ces actes, je l'ai indiqué plus haut, échappent à l'action des créanciers. La raison en est que le droit de gage des créanciers ne peut évidemment porter sur des biens qui n'ont jamais fait partie du patrimoine de leur débiteur. Je trouve cette règle formulée dans plusieurs textes (1).

Ainsi les jurisconsultes romains décidaient qu'il n'y avait pas lieu à l'action Paulienne dans le cas où le débiteur : 1° se privait du bénéfice d'une stipulation en n'accomplissant pas la condition dont elle dépendait (2). Cette décision n'a pas lieu de nous étonner, elle est conforme à la doctrine romaine

(1) L. 3, § 2 et L. 6, pr., D., *Quæ in fraud. cred.*; L. 28, pr., *De verb. signif.*

(2) L. 6, § 1, D., *Quæ in fraud. cred.*

sur ce point. En cas d'obligation conditionnelle, disent les jurisconsnltes, il n'y a pas, à vrai dire, d'obligation, mais *spes tantum debitum iri*. Cette solution me semble fort contestable en droit et très-fâcheuse en fait. Le créancier conditionnel, en effet, n'a-t-il donc *hic et nunc* aucun droit? Ne peut-il pas faire des actes conservatoires? Ne transmet-il rien à son héritier? Évidemment si. Eh bien donc, il a un droit véritable qu'on ne peut méconnaître et qu'il faut respecter. La loi romaine aboutit ainsi à protéger la fraude aux dépens de créanciers malheureux et à procurer au débiteur conditionnel un avantage sur lequel il ne devait pas compter.

Il n'y avait pas lieu aussi à l'action Paulienne lorsque le débiteur émancipait son fils pour lui permettre de faire adition d'hérédité pour son compte (1), répudiait un legs (2), aliénait son esclave, institué héritier par un tiers, pour que l'hérédité dont cet esclave ferait adition fût acquise à son nouveau maître (3); étant légataire à la condition qu'il exercerait son option *intra certum tempus* ne l'exerçait pas dans le temps fixé (4).

Répudiait ou omettait une hérédité légitime ou testamentaire. Arrêtons-nous un instant sur cette dernière hypothèse. Et d'abord comment peut-on expliquer que celui qui répudie une succession ne

(1) L. 6, § 3, eod. tit.
(2) L. 6, § 4, eod. tit.
(3) L. 6, § 5, eod. tit.
(4) L. 28, pr., D., *De verb. signif.*

fait rien sortir de son patrimoine? Comment rendre compte de cette différence, sur ce point, entre la loi romaine et notre Code? On a proposé cette explication. L'héritier français, dit-on, est saisi. Chez nous le mort saisit le vif; il n'en était pas ainsi à Rome, et c'est ce qui justifie la différence des deux législations. Cette explication ne me paraît pas exacte. En effet, est-il bien vrai que l'héritier du droit romain n'aliène pas quand il répudie une hérédité? L'héritier externe qui refuse de faire adition, soit; mais l'héritier sien et nécessaire n'est-il pas saisi? N'aliène-t-il pas s'il recourt au bénéfice d'abstention? Évidemment oui, et cependant il n'est pas atteint par l'action Paulienne. D'autre part, le légataire du droit français, qui n'a pas la saisine, refuse seulement d'acquérir, et cependant on a contre lui l'action Paulienne. Le motif invoqué plus haut est donc insuffisant. J'indiquerai, dans mon étude du droit français, le véritable motif, à mon avis, de cette différence entre les deux législations.

J'ai supposé que le débiteur a renoncé à une succession. Je suppose maintenant qu'il accepte. La succession est insolvable et le débiteur a agi en fraude. Accorderons-nous l'action Paulienne? L'affirmative ne paraît pas douteuse, car accepter une succession obérée, c'est augmenter son passif, diminuer son patrimoine. Et cependant nous voyons sanctionnée la décision contraire : « *Nullum est remedium proditum,* » dit la loi romaine (1). On peut

(1) L. 1, § 5, D., *De separationibus.*

soutenir, pour justifier cette doctrine, que dans cette hypothèse le débat n'est pas le même que dans les cas ordinaires de l'action Paulienne; qu'il s'élève ici entre deux masses de créanciers, ceux du *de cujus* et ceux de l'héritier; l'action révocatoire aurait donc pour effet d'établir la séparation des patrimoines; or il est de principe qu'elle ne peut être demandée par les créanciers de l'héritier. Cette doctrine ne me paraît pas équitable. S'il est juste, en effet, de faire supporter aux créanciers la maladresse et l'incurie de leur débiteur, peut-on, de bonne foi, leur reprocher de n'avoir pas su prévoir sa fraude? Évidemment non.

De même, si un débiteur institué héritier fiduciaire, avait restitué toute l'hérédité au fidéicommissaire sans retenir le quart, aux termes du sénatusconsulte Trébellien (1), ou bien la restituait plus tôt qu'il n'y était tenu, on ne le considérait pas comme ayant commis un acte frauduleux envers ses créanciers, mais comme ayant rempli son mandat avec plus de fidélité même que la loi n'en exigeait et n'en attendait de lui (2). Dans ces deux cas encore, les créanciers ne pouvaient donc pas exercer l'action Paulienne.

Quant aux donations à cause de mort et aux legs faits en fraude par un débiteur mourant insolvable, ils étaient bien annulés, mais ce n'était pas là un

(1) *Inst.*, l. 2, tit 23, § 7.
(2) L. 19 et 20, D., *Quæ in fraud. cred.;* L. 5, § 15, D., *De donat. inter vir. et uxor.*

cas d'application de l'action Paulienne, car les libéralités faites avec la bonne foi la plus entière auraient subi le même sort. C'était une application de ce principe d'équité : *nemo liberalis, nisi liberatus*, principe qui a inspiré aux rédacteurs de notre Code l'article 922, d'après lequel les legs ne peuvent se prélever que sur ce qui reste des biens laissés par le *de cujus*, déduction faite de ses dettes.

SECTION II.

Conditions requises pour que l'action Paulienne puisse être intentée avec succès.

La condition essentielle est la fraude : *Fraudis interpretatio*, lisons-nous au Digeste (1), *semper in jure civili non ex eventu duntaxat, sed ex consilio quoque desideratur*. C'est donc là une condition composée qui comprend : 1° l'*eventus damni*, c'est-à-dire l'événement d'un préjudice; 2° le *consilium fraudis*, c'est-à-dire l'intention de le causer.

§ 1. *Du préjudice.*

La loi 10, § 1, pose le principe. Ulpien s'exprime en ces termes : « Ce qui a été fait par un débiteur en fraude de ses créanciers est révoqué si la fraude a eu son résultat, c'est-à-dire si les créanciers ayant vendu les biens n'ont pas été satisfaits par cette

(1) L. 79, D., *De reg. juris.*

vente. » Ainsi, la vente des biens (*venditio* ou *distractio,* suivant les époques) est le préliminaire obligé de l'action Paulienne. « *Bonis possessis, itemque distractis,* » disent les textes. Cette vente elle-même était précédée de la *missio in possessionem,* accordée aux créanciers, sur leur demande, par un *decretum* du préteur ou du président de la province. Ce n'était, en effet, que par la discussion et la vente des biens du débiteur que pouvait être établie son insolvabilité. S'il n'y avait pas de biens, il suffirait de faire constater cette absence de biens. Il n'est pas d'ailleurs nécessaire que cette *missio in possessionem* ait été obtenue par tous les créanciers; prononcée au profit de l'un, elle profite à tous les autres, et c'est en cela que le *pignus prætorium* diffère du *pignus conventionale.* Le créancier qui a un *pignus conventionale* n'a rien à craindre de l'action, en ce sens qu'il pourra exiger son payement intégral, tandis que le créancier qui n'a que le *pignus prætorium* ne peut obtenir que le dividende proportionnel à sa créance.

Il n'y a plus lieu à la révocation quand le débiteur étant mort insolvable quelqu'un s'est présenté pour demander *l'addictio bonorum libertatum conservandarum causa;* car il ne l'a obtenue que sous la condition de désintéresser les créanciers. Et faute d'intérêt, il n'y a plus lieu à l'action Paulienne (1).

Enfin, je remarque, pour terminer sur ce point,

(1) L. 10, §17, D., *Quæ in fraud. cred.;* Inst., liv. 3, tit. 11, § 1.

que ce sont les biens du *defraudator* lui-même qui doivent être insuffisants ; si c'étaient les biens de son héritier, que, par exemple, le défunt eût agi *in fraudem creditorum* et fût mort solvable, mais que, par le concours des créanciers de la succession et des créanciers de l'héritier, celui-ci se trouvât insolvable, dans ce cas l'action Paulienne ne serait pas donnée (1).

Mais on donnait une action utile dans l'hypothèse suivante : Un homme, qui a fait des actes en fraude de ses créanciers, meurt laissant un héritier solvable ; celui-ci, qui pourrait recourir au bénéfice d'abstention, en qualité d'héritier sien, ou ne pas faire adition en qualité d'héritier externe, a accepté l'hérédité, puis fait, lui aussi, quelques actes en fraude des créanciers, mais il s'est fait restituer en entier contre son immixtion dans le premier cas, contre son adition dans le second. Dans ces circonstances, l'action Paulienne ne peut être donnée, suivant la rigueur du droit, ni contre les actes du *de cujus*, puisque ayant laissé un héritier solvable, il n'a pas causé de préjudice à ses créanciers, ni contre les actes faits par l'héritier, puisqu'il n'est plus héritier, ayant obtenu la *restitutio in integrum.* Mais le préteur, *æquitate motus*, donne une action aux créanciers, à condition qu'ils n'aient pas suivi la foi de l'héritier (2).

Enfin si un individu, qui avait agi *in fraudem*

(1) L. 10, § 9, D., *Quæ in fraud. cred.*
(2) L. 10, § 10, D., hoc tit.

creditorum, meurt laissant un héritier impubère et que le tuteur de celui-ci agisse aussi *in fraudem creditorum*, les créanciers du *de cujus* peuvent demander la séparation de biens et obtenir la révocation de tous les actes frauduleux tant du défunt que du tuteur de son héritier (1).

§ 2. *De la fraude.*

La preuve de la fraude est difficile, car ce n'est plus un fait matériel qu'il s'agit de constater, mais un fait impalpable, intellectuel. Le débiteur a-t-il eu conscience du préjudice qu'il a causé à ses créanciers ou à un seul d'entre eux (2) ? Ou, en d'autres termes, a-t-il su que, par son acte, il se rendait insolvable ou augmentait son insolvabilité ? Les créanciers étaient admis à prouver l'existence de ce *consilium* par tous les genres de preuve. Restreindre leur droit à cet égard, c'eût été, la plupart du temps, en rendre l'exercice impossible.

Toutefois le droit romain établissait une présomption d'intention frauduleuse chez le débiteur, lorsque celui-ci, sachant qu'il avait des créanciers, avait aliéné tous ses biens. Ce n'était pas là une véritable exception au principe qui obligeait les créanciers à la preuve ; car il était dans ce cas, prouvé d'une manière évidente, que le débiteur savait qu'il causait un préjudice à ses créanciers.

(1) L. 10, § 11, D., *Quæ in fraud. cred.*
(2) L. 10, § 6, *in fine*, eod. tit.

Mais suffit-il qu'il y ait fraude chez le débiteur, ou doit-elle exister aussi chez le tiers? En principe, le tiers doit être complice. Les premiers mots de l'édit en faisaient une condition essentielle d'exercice : *Cum eo qui fraudem non ignoraverit* (1); et Ulpien le dit en termes formels dans la loi 6, § 8, D., *nostro titulo.* Le tiers doit être complice, mais que faut-il entendre par là ? Il est complice lorsqu'il sait que l'acte doit nuire aux créanciers de l'autre partie (2). Il suffit que le tiers sache être en faute à l'égard d'un seul créancier pour donner ouverture à l'action Paulienne; mais si ce créancier est désintéressé, le tiers n'a plus rien à craindre ; cependant il ne pourrait repousser l'action dirigée contre lui en offrant de désintéresser le créancier qu'il a connu. Il y a également lieu d'appliquer l'action Paulienne contre le tiers qui, sans s'arrêter aux significations des créanciers qui le préviennent que l'acte va leur nuire, contracte avec leur débiteur (3).

En principe le tiers doit être complice ; le préteur disait cependant dans son édit : *Interdum, causa cognita etsi scientia non sit, in factum actionem permittam.* Le magistrat se réservait donc le droit d'accorder, après examen, le droit d'agir, malgré l'absence de la fraude (4). Les principes se précisent

(1) L. 1, pr. D., *Quæ in fraud. cred.*
(2) L. 10, § 2, eod. tit.
(3) L. 10, §§ 3, 7 et 8, eod. tit.
(4) L. 10, pr., *in fine*, D., *Quæ in fraud. cred,*

peu à peu et l'on finit par distinguer les tiers, *qui certant de damno vitando*, de ceux *qui certant de lucro captando*. Cette distinction est formellement écrite au Code dans un rescrit de Dioclétien (1), et reproduite par Ulpien (2). Les créanciers ne pouvaient agir par l'action Paulienne, contre le tiers au profit de qui le débiteur avait consenti un acte à titre onéreux, que si ce tiers, lui aussi, avait eu le *consilium fraudis;* sinon, il échappait à l'action. Au contraire, lorsqu'un acte à titre gratuit avait été consenti par un débiteur, les créanciers n'étaient pas obligés, pour exercer l'action Paulienne, de prouver qu'il y avait eu *consilium fraudis* de la part du tiers. Il leur suffisait, dans ce cas, de démontrer le préjudice qu'ils éprouvaient et l'intention frauduleuse du débiteur. Il était cependant utile, pour déterminer la portée de l'action, de savoir si le tiers acquéreur à titre gratuit connaissait ou ignorait la fraude du débiteur : *sciens*, le tiers pouvait être actionné pour tout ce qu'il avait reçu, même dans le cas où il n'en était pas devenu plus riche ; *ignorans*, seulement jusqu'à concurrence de ce dont il s'était enrichi.

Ces principes étaient très-équitables. Rien n'était plus juste que de sacrifier le donataire, qui luttait *de lucro captando*, puisqu'il avait acquis sans rien débourser, aux créanciers qui luttaient *de damno vitando*.

(1) L. 5, au Code, livre 7, tit. 75, *De revocandis his quæ in fraud.*

(2) L. 6, § 11, D., *Quæ in fraud. cred.*

Je terminerai sur ce point, en examinant quelques espèces : Lorsque le tiers était un pupille ayant agi seul (1), c'est-à-dire, sous Justinien, un mineur de quatorze ans, s'il était du sexe masculin, et de douze ans, s'il était du sexe féminin (2), la faiblesse de son intelligence aurait rendu très-difficile aux créanciers la preuve à faire de son intention frauduleuse. Aussi pour que les créanciers ne fussent pas victimes de l'âge de ce tiers contractant, Justinien, suivant l'avis de Labéon, décida qu'ils pourraient exercer l'action Paulienne, en prouvant seulement le préjudice qu'ils éprouvaient et l'intention frauduleuse du débiteur. Mais dans ce cas, comme dans tous les autres, le pupille ne pouvait être actionné que jusqu'à concurrence du profit qu'il avait retiré du contrat (*in quantum locupletior factus est*) (3). Tous les intérêts se trouvaient donc protégés.

Si le débiteur avait traité, non plus avec le pupille, mais avec son tuteur, qui agissait pour lui et était *sciens*, celui-ci encourait bien l'action Paulienne pour le tout, mais le pupille n'en était passible que jusqu'à concurrence du profit que cet acte lui avait procuré. On suivait encore cette règle : « *Jure naturæ æquum est neminem cum alterius detrimento et injuria fieri locupletiorem* (4). »

Il en était de même pour les adultes de bonne foi,

(1) L. 6, § 10, D., *Quæ in fraud. cred.*
(2) *Inst.*, lib. 1, tit. 22, pr.
(3) L. 5, § 1, D., *De auct. et consensu.*
(4) L. 206, D., *De regulis juris.*

mineurs de vingt-cinq ans, et pour les fous, à l'égard des actes consentis frauduleusement par le débiteur à leur curateur *sciens* (1); de même aussi pour le mandant, quant aux actes consentis à son mandataire *sciens;* de même encore pour le maître de bonne foi, quant aux choses données frauduleusement par le débiteur à son esclave *sciens;* toutefois les créanciers pouvaient, dans ce cas, agir, s'ils l'aimaient mieux, par les actions *de peculio* ou *de in rem verso;* de même enfin pour les pères de famille (2).

Une difficulté s'élève à propos d'un acte d'une application très-fréquente, de la constitution de dot : « Si un gendre, dit la loi 25, § 1, *nostro titulo*, reçoit une dot et est complice de la fraude de son beau-père, il est soumis à l'action Paulienne; s'il la restitue aux créanciers et que le divorce survienne, il n'est pas tenu de la rendre même à la fille émancipée, dit Labéon, parce que l'action de la femme est une action en restitution, non une action pénale; en conséquence, s'il a restitué, il faut l'absoudre. » Pourquoi supposer la femme émancipée? Si la femme était encore en puissance, c'est à son père que la restitution devrait se faire; or, le père étant *fraudator*, il est par trop évident, dans ce cas, que l'auteur de la fraude ne peut en profiter. La question pouvait présenter difficulté seulement au cas où la restitution peut être réclamée par la femme de

(1) L. 10, § 5, D., *Quæ in fraud. cred.*
(2) L. 6, § 12, D., *Quæ in fraud. cred.*

bonne foi. Même dans cette hypothèse, Labéon décide que la restitution faite par le mari aux créanciers le dispense de rendre la dot à la femme, parce que, dit-il, l'action en reprise est *rei persecutoria* et non *pœnalis*. — Mais si avant d'être poursuivi par les créanciers, il a rendu la dot à la femme sur l'action en reprise, Labéon décide qu'il n'en reste pas moins tenu à l'égard des créanciers, sans aucun recours contre sa femme ; on ne peut, en effet, répéter ce qu'on a payé en vertu d'une condamnation, fût-elle injuste. Mais *quid juris* si le mari a restitué à la femme, sans jugement, à l'amiable? Le jurisconsulte pose la question sans la résoudre. Pour moi, je serais porté à refuser ici au mari toute action en répétition. A quel titre, en effet, le mari réclamerait-il? A-t-il payé ce qu'il ne devait pas? Nullement, car la femme aurait pu le contraindre en justice à restituer sa dot. Si la femme a reçu ce qui lui était dû, et que le payement n'ait pas été fait par anticipation, il me semble qu'elle ne doit être exposée à aucun recours : *Jus civile vigilantibus scriptum est.* Quant au mari, il peut en résulter pour lui un grand dommage, mais il se l'est attiré par sa fraude et devait s'y attendre, car il en est certainement ainsi en cas de condamnation.

Pourquoi le mari est-il traité, ainsi que nous venons de le voir, comme un acquéreur à titre onéreux? Notre texte répond : *Quum is indotatam uxorem ducturus non fuerit.* Le mariage, en effet, entraîne des charges qui peuvent être considérables, et les époux n'auraient peut-être pas voulu s'y soumettre sans la garantie de la dot.

Examinons maintenant la question par rapport à la fille : « Si le mari est de bonne foi, dit notre texte, la femme de mauvaise foi, elle sera tenue. Si tous les deux sont de mauvaise foi, tous deux seront tenus; si tous deux sont de bonne foi, certains jurisconsultes pensent que la fille est néanmoins soumise à l'action parce que c'est une véritable donataire ; ou tout au moins elle doit donner caution aux créanciers de son père de leur rendre ce qu'elle obtiendra du mari, à raison de sa dot. Quant au mari de bonne foi, il n'a pas plus à craindre l'action que le créancier qui reçoit du *fraudator* ce qui lui est dû, car il n'aurait pas épousé une femme sans dot. »

Cette opinion est-elle celle de Vénuléius? Il est, je crois, permis d'en douter; les termes qu'il emploie n'ont rien d'affirmatif : *Quidam existimant*, dit le jurisconsulte; les jurisconsultes romains n'emploient pas d'ordinaire des termes aussi vagues lorsqu'ils indiquent l'opinion à laquelle ils se rangent. Les lois Julia et Papia Poppæa forcèrent les pères et aïeux à doter leurs filles et petites-filles; cette obligation fut même étendue, dans certains cas, à la mère (1). Dès lors il est naturel de voir dans la constitution de dot le payement d'une dette et non une libéralité pure et simple. Je ne pense donc pas qu'il faille prendre ce § 1 de la loi 25 comme l'expression

(1) L. 19, D., *De ritu nuptiarum*; L. 14, C., *De jure dotium*.

de la doctrine romaine en cette matière (1). La suite de ce fragment va du reste me fournir des arguments nouveaux.

Le § 2 de notre loi s'occupe de la constitution de dot par un étranger : « Si la dot est constituée par une personne étrangère, en fraude de ses créanciers, action sera donnée, en cas de complicité, contre le mari, la femme et le père de la femme ; ces derniers devront donner caution de rendre aux créanciers ce qui leur reviendra du mari, à raison de la dot. » Ce texte est fort embarrassant pour les auteurs qui ne partagent pas mon opinion sur la question précédente. Et en effet, le jurisconsulte exige, dans notre espèce, que la femme soit de mauvaise foi pour autoriser contre elle l'action Paulienne. Le mot *æque* le prouve, ainsi que la suite du texte ; pour donner l'action Paulienne contre le père, on exige sa complicité ; pourquoi se montrerait-on plus sévère à l'égard de sa fille ? Au cas de constitution de dot par une personne étrangère, la complicité de la femme est donc une condition essentielle pour que l'action révocatoire soit intentée contre elle ; j'en tire un argument et même un argument *a fortiori* très-puissant pour le cas où la dot est constituée par le *paterfamilias*. Ce texte est fort gênant dans l'autre système ; aussi mes adversaires ont-ils cherché à établir que le père n'acquiert pas la dot à titre gratuit. En effet, dit-on, il est obligé de la rendre à la

(1) V. M. Demangeat, *Cours élémentaire de droit romain*, t. 2, p. 520.

fille en cas de second mariage. Cette réponse n'est pas très-satisfaisante, car le père ne devra pas restituer la dot à la fille si, avant le second mariage, il l'a rendue aux créanciers sur l'action Paulienne. Le père acquiert donc la dot sans bourse délier, et si l'on exige sa complicité, c'est que la constitution de dot a reçu des règles spéciales. Pourquoi ne pas traiter la fille avec la même faveur? Il est plus juste, je crois, de décider que Vénuléius dans le § 1er rappelle l'opinion de certains auteurs sans l'adopter ; il est même probable que cette opinion fut rejetée par la doctrine, car, dans notre § 2, le jurisconsulte se prononce sans aucune hésitation ; il semble poser un principe incontesté, et j'ai essayé de prouver qu'il y a contradiction à admettre en même temps la solution du § 2 et celle donnée par certains auteurs sur le § 1er.

Par quelles raisons peut-on justifier cette doctrine? On peut dire que la femme n'est pas une véritable donataire ; aucun contrat n'est intervenu entre elle et le constituant. Le mari a été rendu propriétaire de la dot ; si la femme a une action en recouvrement, cette action ne découle pas nécessairement de la constitution de dot ; c'est la loi qui la lui a accordée dans un but d'intérêt public, afin d'assurer à la femme le moyen de se remarier.

L'acquéreur d'une chose aliénée *in fraudem creditorum* peut l'avoir à son tour aliénée; l'action Paulienne est-elle possible contre le sous-acquéreur? Cette question avait fait difficulté. Paul (D., L. 9., *nostro titulo*) nous dit que l'opinion qui prévalut fut celle de Sabinus, d'après laquelle le sous-acquéreur ne peut être poursuivi que s'il est de mauvaise foi; Paul suppose que le sous-acquéreur est un acquéreur à titre onéreux qui a reçu d'un premier acquéreur de mauvaise foi; aussi je pense : 1° que s'il avait reçu d'un acquéreur de bonne foi, il ne serait pas tenu de l'action, son auteur ne l'étant pas; 2° qu'il serait tenu, même étant de bonne foi, s'il avait reçu à titre gratuit d'un acquéreur de mauvaise foi ou qui eût acquis lui-même à titre gratuit.

SECTION III.

Nature de l'action Paulienne.

L'action Paulienne, dont s'occupe le Digeste, est une action prétorienne, personnelle, *in factum*, arbitraire, pénale *ex parte rei* et persécutoire *ex parte actoris*.

I. *Prétorienne.* — Comme action Prétorienne (1), l'action Paulienne n'est donnée que pendant une année utile; après ce délai, elle n'est plus donnée *in solidum*, mais seulement jusqu'a concurrence de ce dont le défendeur, de bonne ou de mauvaise foi s'est enrichi (2). Le point de départ de cette année utile a donné lieu à quelques difficultés. Était-ce le jour de l'acte frauduleux ou celui de la *venditio bonorum?*

(1) L. 1, pr. D., *Quæ in fraud. cred.*
(2) L. 10, § 24, D., eod. tit.

Proudhon(1) pense que c'est celui de l'acte frauduleux, et il se fonde, pour le soutenir, sur ce que l'intention du préteur était de restreindre à un bref délai le droit d'action des créanciers, et sur ce qu'en ne faisant courir ce délai que du jour de la *venditio bonorum*, on leur permet d'aller contre cette intention et de retarder à leur gré le point de départ de cette prescription. Ils ont d'ailleurs, ajoute Proudhon, le droit de retarder, par des actes conservatoires, l'expiration de ce délai. Mais les textes sont formels contre cette opinion. Et si la loi 6, § 14., D., *nostro titulo*, ainsi conçue : « *Hujus actionis annum computamus utilem quo experiundi potestas fuit ex die factæ venditionis*, peut paraître ambiguë, à coup sûr la loi 10, § 18, *eod. tit.*, ne peut laisser aucun doute : « *Annus hujus in factum actionis computabitur ex die venditionis bonorum.* »

II. *Personnelle.* — Une action est personnelle lorsqu'elle s'attache à une personne, lorsque le demandeur prétend que son adversaire est obligé vis-à-vis de lui. Elle est réelle dans le cas où le demandeur soulève une controverse sans alléguer un droit d'obligation. A l'époque formulaire on peut reconnaître le caractère *in personam* ou réel, à cette circonstance que l'*intentio* de l'action personnelle contient le nom du défendeur, tandis que l'*intentio* de l'action réelle ne mentionne aucun nom. Je dis que l'action Paulienne du Digeste est personnelle. En

(1) *Traité de l'usufruit*, n° 2401.

effet, elle s'applique, non pas exclusivement à des aliénations, mais à des actes quelconques extinctifs ou créateurs d'obligations. Or, dans ces dernières hypothèses, il n'y a qu'une action personnelle qui puisse se comprendre. Du reste les textes sont formels et viennent corroborer les principes : la loi 38 § 4, *De usuris*, livre 22, titre 1, assimile l'action Paulienne à l'action Favienne, au point de vue de leurs effets et la loi 1, § 26, D., *Si quid in fraudem patronum* déclare que l'action Favienne est personnelle : « *Hæc actio (Faviana) in personam est non in rem.* »

III. *In factum.* — L'action Paulienne est *in factum*, en ce sens que son *intentio* n'est pas rédigée dans les termes du droit civil. Le préteur pose en question les faits du procès : Y a-t-il eu fraude commise par le débiteur? complicité des tiers?

IV. *Arbitraire.* — L'intérêt du caractère arbitraire consiste dans la détermination des pouvoirs du juge. Il y a une différence très-notable entre la division des actions de bonne foi et de droit strict, et la division des actions arbitraires et non arbitraires. Dans les actions de bonne foi et de droit strict, il s'agit toujours d'obligations. La distinction porte sur le point de savoir comment sera appréciée l'obligation. Dans les actions arbitraires, elle porte sur le règlement à faire d'une satisfaction, moyennant laquelle le juge ne condamnera pas.

Quand l'action n'est pas arbitraire, le juge doit condamner si l'*intentio* est démontrée. Quand elle est arbitraire, le défendeur a la faculté de fournir la satisfaction arbitrée par le juge et par là d'échapper à la sentence. L'action arbitraire n'est pas nécessairement de bonne foi. Le juge ne peut pas s'écarter de la question qui lui est soumise dans l'*intentio* sans qu'une exception de dol soit insérée. L'action de bonne foi n'implique pas aussi nécessairement « l'*arbitrium* ». Il est vrai que le défendeur peut toujours échapper à la condamnation en satisfaisant le demandeur. Mais la satisfaction à fournir, au lieu d'être arbitrée par le juge, est fixée par le demandeur lui-même. L'action Paulienne est arbitraire. La loi 10, § 20, *nostro titulo*, est formelle à cet égard.

V. Pénale *ex parte rei*, persécutoire *ex parte actoris*. — Suivant le but poursuivi, une action est pénale ou indemnitaire. La *persecutio* a-t-elle pour objet une *pœna*, l'action est pénale. A-t-elle pour objet une *res*, elle est restitutoire. A-t-elle pour objet une *res* et une *pœna*, elle est mixte. Il importe de préciser le sens des mots *res* et *pœna*. On doit entendre par res « *id quod ex patrimonio nostro abest* (1) ». L'action qui a une *res* pour objet a pour but de rétablir l'intégralité du patrimoine, c'est une véritable action indemnitaire. On doit entendre par *pœna* « un mal infligé au défendeur sur ses biens ». Le défendeur à l'action pénale perd une partie de ses biens, il s'appauvrit. Cependant l'antithèse entre la *res* et la *pœna* n'est pas complète, car le deman-

(1) L. 35, D., *De oblig. et act.*

deur ne s'enrichit pas toujours alors que le défendeur s'appauvrit. Lorsque l'enrichissement correspond à l'appauvrissement on dit qu'il y a « *pœna ex utraque parte.* » Lorsque l'appauvrissement ne correspond pas à un enrichissement, on dit qu'il y a « *pœna ex parte rei, res ex parte actoris.* »

L'action Paulienne se range parmi les actions qui présentent ce dernier caractère. Elle est *rei persecutoria, ex parte actoris*, parce qu'elle procure au demandeur une indemnité. Elle est pénale, *ex parte rei*, parce que la condamnation qui atteint le defendeur coupable de fraude peut dépasser son enrichissement. En conséquence elle passe aux héritiers du demandeur et ne passe contre les héritiers du défendeur que « *in id quod ad eos pervenerit* (1). »

Ce dernier résultat n'est pas équitable. Les héritiers de celui qui a commis une fraude préjudiciable devraient être tenus de la réparation exacte, car ils continuent le défunt, et ses propres obligations deviennent les leurs. Les Romains se sont placés à un autre point de vue. Considérant que l'action était pénale « *ex parte rei* », ils en ont tiré cette conséquence que ses héritiers seraient à l'abri des poursuites dans une certaine limite. Leur erreur a été d'envisager la personne du défendeur pour fixer le caractère des actions pénales au lieu de s'appliquer à rechercher le but poursuivi par le demandeur.

(1) L. 10, § 25 et L. 11, D., *Quæ in fraud. cred.*

SECTION IV.

A qui l'action Paulienne est accordée.

L'action Paulienne est accordée dans l'intérêt des créanciers frustrés; ordinairement elle n'est pas exercée par eux, mais par le *curator bonorum*, nommé par le magistrat. Le préteur, du reste, n'était pas tenu de donner l'action Paulienne à ce curateur; il pouvait en charger une autre personne. Il faut, pour que l'action soit accordée, qu'il y ait encore quelques créanciers antérieurs à l'acte qu'on attaque. Il suffit qu'un seul créancier se trouve dans ce cas; la loi 10, § 6, *nostro titulo*, le dit formellement, soit qu'il ait été au moment de l'acte le seul créancier du *fraudator*, ou qu'il soit resté seul après désintéressement des autres.

Pour savoir si l'action Paulienne doit être accordée, il faut se placer à deux époques : au moment de l'acte, et lors de la vente des biens. Si un seul des créanciers atteints par l'acte en question existe encore à la seconde époque, l'action Paulienne sera donnée. Supposons donc que tous les créanciers, frustrés par l'acte, aient été désintéressés avant la seconde époque, l'action révocatoire sera éteinte, quel que soit le préjudice définitivement causé. Telle est la doctrine qu'il faut suivre. Mais une exception fort juste y a été apportée : supposons que tous les créanciers antérieurs à l'acte aient été satisfaits, mais qu'ils l'aient été avec l'argent des créanciers postérieurs, l'action Paulienne restera ouverte au profit de ces derniers (1).

Il y a là un exemple remarquable de subrogation légale. Cette subrogation se justifie sans peine : 1° Elle ne nuit pas aux tiers contractants, car il leur importe peu que la nullité de l'acte, passé avec le débiteur, soit demandée par le premier ou par le second créancier. 2° Il est juste de protéger le deuxième créancier de bonne foi et de lui donner la préférence contre des tiers complices de la fraude. Remarquons en outre que cette exception aux principes était indispensable. En effet, si elle n'avait pas existé, rien n'aurait été plus facile au débiteur que d'éviter l'action; il lui aurait suffi d'emprunter la somme nécessaire pour désintéresser ceux qui allaient l'exercer, et sa fraude serait restée impunie.

Tout créancier fraudé, avons-nous dit, a droit à l'action Paulienne pour faire révoquer l'acte qui a lésé ses droits. Cette règle subit des restrictions dans le cas où le débiteur est décédé. Les créanciers qui ont accepté l'héritier pour débiteur ne sont plus admis à intenter l'action Paulienne. Cette décision se comprend aisément. Les créanciers avaient deux moyens : accepter l'héritier pour débiteur qui, continuateur de la personne du défunt, est tenu sur tous les biens *in infinitum*, ou bien conserver leur débiteur primitif, en demandant la séparation des pa-

(1) L. 10, § 1 ; L. 15, D., *Quæ in fraud. cred.*

trimoines. Qu'ils choisissent; leurs intérêts sont ainsi suffisamment sauvegardés.

Cependant il peut se présenter une hypothèse douteuse. Supposons, en effet, que l'héritier, après avoir fait adition, se fasse restituer contre son adition. La déchéance subsistera-t-elle? Ulpien se pose la question dans la loi 10, § 10, *nostro titulo*. La raison de douter, c'est que les créanciers ayant accepté l'héritier pour débiteur, ont perdu le droit d'attaquer les actes frauduleux et que la restitution n'est pas introduite en leur faveur. Cependant le jurisconsulte accorde l'action Paulienne utile. Le motif en est que les créanciers n'avaient accepté l'héritier pour débiteur qu'à la condition qu'il resterait héritier, et du moment où il cesse de l'être, il est équitable de leur rendre les droits qui leur appartenaient sur le patrimoine du défunt.

Reste à préciser dans quels cas les créanciers sont réputés avoir accepté l'héritier pour débiteur. Il y a des actes qui ne peuvent laisser aucun doute : ainsi les créanciers se sont fait envoyer en possession des biens de l'héritier et les ont fait vendre (L. 10, § 9). Mais *quid juris* si l'héritier s'est immiscé dans la succession? Il faut distinguer, nous dit Labéon, dont l'opinion est rapportée par Ulpien (L. 10, § 10). Si les créanciers ont été absents, on ne doit pas présumer leur acceptation. Si au contraire ils ont manifesté l'intention d'accepter l'héritier pour débiteur, par exemple en lui faisant une remise sur les intérêts que devait le défunt, ils perdent le droit de faire révoquer les actes frauduleux de celui-ci. Le texte de notre § 10 assimile aux créanciers absents les créanciers *pascicentes*. Que faut-il entendre par cette expression ? Elle se réfère probablement à l'hypothèse où les créanciers sont en pourparlers avec l'héritier sur le payement des dettes de la succession qui est obérée. Avant la création du bénéfice d'inventaire, ces pactes, qui avaient pour effet de diminuer la quotité des dettes dont l'héritier était tenu, étaient très-fréquents. Or, pendant que les créanciers et les héritiers en débattent les conditions, l'héritier s'immisce dans la succession ou fait adition.

Le jurisconsulte décide que cette immixtion ne préjudiciera pas au droit des créanciers qui ne pouvaient pas la prévoir en ce moment.

SECTION V.

Contre qui l'action Paulienne est donnée.

L'action Paulienne est donnée contre les acquéreurs tant à titre gratuit qu'à titre onéreux ; nous en avons vu de nombreux exemples. Il suffit même qu'on profite de l'acte, sans y avoir été partie, comme dans l'hypothèse de la loi 25, pr., *nostro titulo :* Vénuléius suppose dans ce texte que le *fraudator* fait acceptilation au fidéjusseur complice de la fraude ; que décider ? Si le débiteur principal est également complice, action sera donnée contre le fidéjusseur et contre lui; si le fidéjusseur seul est de mauvaise foi, il sera, en principe, seul exposé à l'action. Mais *quid juris* s'il est insolvable? Donnerons-nous, dans ce cas, recours contre le débiteur de bonne foi? Le jurisconsulte admet l'affirmative parce que, dit-il, le débiteur est, dans l'espèce, un véritable donataire. Puis il renverse l'hypothèse et suppose l'acceptilation faite au débiteur principal. Ce débiteur est-il de mauvaise foi, il n'est pas libéré; quant au fidéjusseur, il n'est pas libéré s'il est de mauvaise foi; s'il est de bonne foi, il est libéré et n'a jamais à craindre aucun recours. La raison qu'en donne le jurisconsulte est qu'il s'agit, pour le fidéjusseur, plutôt d'éviter une perte que de réaliser un gain. Cette décision me semble mauvaise; n'est-ce pas, en effet, faire un gain qu'échapper à une perte certaine?

Le jurisconsulte suppose ensuite que le *fraudator* fait acceptilation à un débiteur solidaire. L'action Paulienne est, dit il, ouverte contre tous et toujours pour les mêmes raisons. Il est à remarquer que le jurisconsulte ne distingue pas suivant qu'il y a ou non société entre les différents codébiteurs. Lorsqu'il y a société, chaque débiteur solidaire jouant à l'égard de ses codébiteurs le rôle d'un fidéjusseur, il eût été peut-être logique de faire les distinctions indiquées plus haut. Au lieu de cela, le jurisconsulte traite tous les codébiteurs solidaires comme débiteurs principaux; je ne le regrette pas, car le motif précédent ne m'a pas paru bien décisif.

Enfin l'action Paulienne pouvait être exercée contre le débiteur lui-même. Le jurisconsulte Méla pensait que l'on ne devait donner, après la vente des biens d'un débiteur, aucune action contre lui à raison de ses actes antérieurs, et par conséquent que l'on ne pouvait donner contre lui l'action Paulienne, par le motif qu'il aurait été injuste de permettre à ceux qui venaient de le dessaisir de tous ses biens d'intenter contre lui une action sans intérêt pour eux.

Mais cette opinion n'a pas prévalu et il a été décidé que, même dans le cas où les créanciers n'auraient aucun résultat à attendre de leur action, ils n'en pourraient pas moins l'exercer contre le débiteur, parce que le préteur, en rendant son édit, paraissait avoir eu moins en vue de satisfaire aux intérêts du créancier que de punir la fraude du débiteur (1). En tous cas, le débiteur ne pouvait être poursuivi que *in quantum facere poterat* (2).

SECTION VI.

Des effets de l'action Paulienne.

L'action Paulienne étant arbitraire, le magistrat, avant de condamner le défendeur, prononçait contre lui une sentence préalable (*jussus* ou *arbitrium*), lui enjoignant de donner satisfaction au demandeur.

(1) L. 25, § 7, D., *Quæ in fraud. cred.*
(2) L. 6, Code, *De revocandis.*

Cette satisfaction consistait dans l'anéantissement de l'acte attaqué comme frauduleux. La loi 10, § 22, D. *nostro titulo*, pose le principe : « *Generaliter sciendum est ex hac actione restitutionem fieri oportere in pristinum statum, sive res fuerint, sive obligationes.* » Mais les effets de l'action Paulienne doivent être examinés séparément en ce qui concerne les deux actes les plus importants qu'ait pu faire un débiteur en fraude de ses créanciers : l'aliénation, la libération d'un débiteur.

§ 1. *Aliénations.*

Voici quelle est la règle : « *Per hanc actionem res restitui debet cum sua scilicet causa* (1). » La restitution sera réalisée par la retranslation de la propriété. En effet, l'objet aliéné continue à appartenir au tiers acquéreur, malgré le triomphe des créanciers, et il faut que celui-ci emploie un des modes usités pour se dessaisir de son droit de propriété. La retranslation doit comprendre la chose et tous ses accessoires. L'expression *causa*, employée au texte, est très-large ; elle exprime l'ensemble des accessoires d'une chose. Au premier rang parmi les accessoires, figurent les fruits. En principe, à l'époque classique, le possesseur de bonne foi n'est pas tenu de restituer les fruits qu'il a perçus, et cela sans distinguer s'il les a ou non consommés (c'est du moins l'opinion la plus accréditée). Le possesseur de mauvaise foi, au

(1) L. 10, § 19, D., *Quæ in fraud. cred.*

contraire, doit restituer tous les fruits perçus et même ceux qu'il a négligé de percevoir. L'un et l'autre sont tenus de rendre compte des fruits perçus depuis la « *litis contestatio* ». Du reste, il faut remarquer que les actions personnelles sont en dehors de ces règles.

Cette théorie générale s'applique-t-elle exactement en matière d'action Paulienne ? A cet égard, les jurisconsultes romains usaient de distinctions. Les fruits qui, au moment de l'aliénation consentie par le débiteur, étaient déjà nés et pendaient par branches ou par racines, devaient tous être restitués, par cette raison qu'alors ils ne faisaient qu'un avec le bien auquel ils étaient attachés, et que, par suite, ils avaient été, comme ce bien, aliénés frauduleusement. La loi romaine, à cet égard, ne fait pas de distinction entre le possesseur de bonne foi et celui de mauvaise foi, comme le veulent les principes généraux. C'est la conséquence de ce que ces fruits étaient plutôt considérés comme une partie du bien que comme des fruits véritables. Du moment où l'on devait restituer le fonds, on devait restituer ces fruits, sans distinction (1).

Relativement aux fruits perçus depuis la *litis contestatio*, le droit commun reçoit entièrement son application (2). Mais que décider quant aux fruits perçus depuis l'aliénation et avant la « *litis contestatio* » lorsqu'ils n'étaient pas pendants par branches

(1) L. 25, § 4, D., *Quæ in fraud. cred.*

(2) L. 25, § 4, eod. tit.

et par racines au jour de l'aliénation? Pour le possesseur de bonne foi, pas de doute, les textes sont formels; il ne peut être obligé à la restitution des fruits recueillis dans l'intervalle (loi 25, § 4, eod. tit.). Relativement au possesseur de mauvaise foi, il y a plus de difficultés.

Pothier se fondant sur ce que les textes ne font pas de distinction, applique la même décision au possesseur de mauvaise foi et prétend qu'il ne doit que les fruits pendants par branches ou par racines lors de l'aliénation frauduleuse et les fruits postérieurs à la *litis contestatio* (1). Mais cette doctrine me semble inadmissible, et je pense que le possesseur de mauvaise foi, au contraire, doit restituer les fruits perçus dans le temps intermédiaire.

J'argumente en ce sens : 1° des principes généraux; 2° de la loi 10 § 20, D., h. t. : « *Et fructus non tantum qui percepti sunt, verum etiam hi qui percipi potuerunt a fraudatore veniunt;* » 3° de la loi 38 § 4, *De Usuris* : « *In Faviana quoque actione et Pauliana... fructus quoque restituuntur, nam prætor id agit ut perinde sint omnia atque sit nihil esset alienatum : quod non est iniquum, nam et verbum restituas quod in hac re prætor dixit plenam habet significationem ut fructus quoque restituantur.* » Ce que j'ai dit des fruits est vrai des produits non fruits, par exemple du part de l'esclave (2).

Si le défendeur avait fait des impenses sur la

(1) *Ad hunc titulum*, n° 30.
(2) L. 25, §§ 4 et 5, D., *Quæ in fraud. cred.*

chose qu'il devait restituer, quel était son droit? Était-il de bonne foi, il pouvait en opposant aux créanciers l'exception de dol, exercer le droit de rétention et les obliger à déduire du montant de la restitution réclamée, les impenses nécessaires dans tous les cas, les impenses utiles ou voluptuaires, lorsqu'elles lui auront été commandées par les créanciers. Mais comme, d'un autre côté, il conservait, nous venons de le voir, les fruits perçus depuis l'aliénation jusqu'à la *litis contestatio*, et qu'il avait été dédommagé de ces dépenses, jusqu'à concurrence de la valeur de ces fruits, on la déduisait du montant des dépenses, et il ne pouvait se faire indemniser que de l'excédant des dépenses, s'il y en avait (1). Était-il de mauvaise foi il forçait, à l'aide des mêmes moyens, les créanciers à subir sur le montant de leur demande, une déduction de toutes les impenses nécessaires seulement, et de toutes celles qu'il avait faites de leur consentement. Il n'y avait plus lieu à compenser, jusqu'à due concurrence, ces dépenses avec les fruits, puisqu'il n'en conservait aucun (2). Parmi les impenses nécessaires, on comprenait les frais de labour, de semences et de récolte (3).

Le défendeur pouvait bien exiger le remboursement de ses impenses, mais non celui du prix qu'il avait versé entre les mains du débiteur. Telle était

(1) L. 48, D., *De rei vindicat.*
(2) L. 10, § 20, D., *Quæ in fraud. cred.*
(3) L. 46, D., *De Usuris.*

la règle (1). Elle reposait sur cette idée que l'action Paulienne n'était donnée contre cet acquéreur à titre onéreux que s'il était de mauvaise foi, et qu'en conséquence, il n'était digne d'aucun intérêt. Mais cet autre principe d'équité : « *Jure naturæ æquum est neminem cum alterius detrimento et injuria fieri locupletiorem* (2) » avait apporté une exception à la règle, et l'on décidait que si le prix existait encore dans les biens du débiteur, il serait rendu au défendeur (3).

§ 2. *Libérations.*

Si le débiteur a fait remise d'un droit qu'il avait ou fait acceptilation à son débiteur, le juge, dans son *jussus*, ordonnera au défendeur de se reconstituer débiteur (4). En cas pareil, lorsque l'obligation éteinte frauduleusement était à terme ou conditionnelle elle renaîtra affectée des mêmes modalités. (loi 10, § 23, *nostro titulo*). Si elle était munie d'une action temporaire, le droit d'agir en révocation sera mesuré sur le temps qui restait à courir pour l'extinction de l'action (L. 10, § 23, *nostro titulo*).

Une fois la révocation obtenue, comment les créanciers vont ils s'entendre, à qui profitera le jugement? Est-ce aux seuls créanciers frustrés ou à la masse des créanciers envoyés en possession? On

(1) L. 7 et 8, D., *Quæ in fraud. cred.*
(2) L. 206, D., *De reg. juris.*
(3) L. 8, D., *Quæ in fraud. cred.*
(4) L. 17, pr., eod. tit. Cpr.; L. 10, § 15, eod. tit.

serait porté à croire que l'action n'existant que s'il y a des créanciers frustrés par l'acte frauduleux, l'émolument tout entier doit leur revenir. Il paraît cependant résulter des textes que l'action profite à la masse. Voici comment je l'établirai. Il y a d'abord une preuve à tirer du fait que l'action Paulienne était exercée par un *curator*, car le *curator* était préposé pour sauvegarder l'intérêt collectif de tous les créanciers. Une seconde preuve résulte de la généralité des expressions employées par les jurisconsultes romains. Les jurisconsultes s'expriment toujours « *in rem, impersonaliter* » d'une façon absolue. Ils ne disent pas : Le créancier dont nous parlons a l'action Paulienne, mais l'action Paulienne existe, est ouverte (1). Il est dès lors naturel d'en faire profiter tous ceux qui y ont intérêt.—Enfin on peut invoquer cette décision d'Ulpien : Voilà un débiteur qui a fraudé ses créanciers, puis il les désintéresse tous et meurt insolvable, laissant des dettes nouvelles. Il n'y a pas lieu à l'action Paulienne, cela est de toute évidence, et cependant la question avait été soulevée, puisque nous la voyons tranchée par Ulpien. Comment peut-on s'expliquer le doute qui l'avait fait naître? Dans mon interprétation, on s'en rend compte aisément. Supposons, en effet, qu'un seul des créanciers antérieurs n'ait pas été payé, la masse entière profiterait de la révocation de l'acte frauduleux ; on avait donc pu se demander si les créanciers

(1) L. 10, §§ 1, 6 et 7 et L. 15, D., *Quæ in fraud. cred.*

postérieurs ne tireraient pas, dans tous les cas, de cet intérêt considérable le droit d'agir. Mais dans le système contraire le doute ne se comprend plus du tout puisque les créanciers postérieurs ne pourraient, dans aucun cas, profiter de l'action Paulienne.

Le système que je viens d'exposer a été suivi par notre législateur en matière commerciale (art. 446, 447 et 448 C. com.).

ANCIEN DROIT FRANÇAIS

Quelques auteurs, dans notre ancien droit, contestaient l'existence de l'action Paulienne. Rousseau de Lacombe, notamment, dans son *Traité de jurisprudence civile*, v° *Fraude*, s'exprime ainsi : « Nous ne suivons, en aucun point les titres *Quæ in fraud. cred.* au Digeste, *De revocandis his*, au Code. Nos usages sont même contradictoirement opposés aux lois romaines sur ce point. » De son côté, Ferrières tient le même langage dans sa traduction des Institutes (Ferrières, *sur le* § 6 *des Institutes*, liv. 4).

L'opinion de ces auteurs, je le démontrerai bientôt, est loin d'être, sur ce point de notre ancien droit, l'expression exacte de la vérité. Mais comment expliquer que des auteurs du mérite de Ferrières aient pu enseigner une pareille doctrine ?

Il est nécessaire, pour résoudre cette question, de rappeler quelques principes admis dans notre ancien droit, notamment en matière d'hypothèques.

Non-seulement on peut hypothéquer le corps des immeubles, nous dit Merlin (*Répertoire de jurisprudence*, v° *Hypothèques*, sect. 1, § 3, p. 526 et suiv.), mais encore une rente foncière, et dans la plupart des coutumes les rentes constituées, un droit de champart, et depuis l'édit de 1683, les offices.

D'un autre côté, les actes notariés emportaient de plein droit hypothèque générale sur tous les biens du débiteur présents et à venir : « Elle est tellement d'usage, nous dit Merlin (*Répertoire de Jurisprudence*, v° *Hypothèques*, sect. 1, § 5, p. 531), qu'elle serait suppléée quand on aurait omis de la stipuler. »

Par exception, l'acte notarié n'emportait pas de plein droit hypothèque dans les coutumes de nantissement; elle résultait, dans ces pays, des formalités de la saisine et de la dessaisine, et le créancier n'était pas colloqué dans l'ordre suivant la date de son contrat, mais suivant celle de son nantissement.

Enfin, en matière *de banqueroute*, *une déclaration de* 1702 vint entourer les créanciers d'une protection toute particulière. D'après cette déclaration, toutes cessions ou transports sur les biens des marchands qui font faillite seront nuls et de nulle valeur, s'ils ne sont faits dans les dix jours au moins avant la faillite publiquement connue ; comme aussi les actes ou obligations qu'ils passeront devant notaires, au profit de quelques-uns de leurs créanciers ou pour contracter de nouvelles dettes, ensemble les sentences qui seront rendues contre eux n'acquerront aucune hypothèque ni préférence sur les créanciers chirographaires, si lesdits actes ou obligations ne sont passés, et lesdites sentences rendues dix jours au moins avant la faillite publiquement connue.

Avec un pareil ensemble de dispositions protectrices, les débiteurs de mauvaise foi pouvaient bien difficilement aliéner leurs biens en fraude des créanciers. Munis presque toujours d'une hypothèque générale, les créanciers n'éprouvaient, par suite de ces ventes frauduleuses, aucun préjudice appréciable. Dès lors il est facile de comprendre que l'action Paulienne, si peu utile aux créanciers, n'ait pas attiré l'attention de nos anciens auteurs. Son rôle était même si effacé que des jurisconsultes de mérite ont pu écrire, comme je l'indiquais en commençant, que cette action n'était plus appliquée dans notre droit.

Mais, à vrai dire, cette action n'avait pas disparu de la législation. Portant la parole devant la Cour de cassation, Merlin, reconnaît l'existence, dans notre ancien droit, des principes romains sur lesquels repose l'action Paulienne. « Nous prouverions facilement, dit-il, que les lois romaines, sur ce point, ne sont pas aussi étrangères à nos usages que l'a prétendu Rousseau de Lacombe, dans son *Traité de jurisprudence civile*, au mot *Fraude* (Merlin, *Questions de droit*, v° *Expropriation forcée*, II).

Domat (*Lois civiles*, liv. 2, t. 10, sect. 1, n°s 2, 3 et 4) et Denizart (*Collection de décisions nouvelles*, t. 9, p. 73) tiennent le même langage.

De son côté, Pothier, dans son *Traité de la communauté* (part. 3, chap. 2, art. 1, § 1, n° 533), constate, dans notre ancien droit, l'existence de notre action. Voici ses propres paroles : « Quoique la femme ou ses héritiers qui ont renoncé à la communauté ne soient plus recevables à l'accepter, néanmoins si la femme ou un héritier de la femme avait, en fraude de ses créanciers, renoncé à une communauté avantageuse, lesdits créanciers seraient reçus à faire déclarer frauduleuse cette renonciation, et à demander, en conséquence, la part qui appartient à leur débiteur dans les biens de la communauté; de même que lorsqu'un héritier a renoncé à une succession en fraude de ses créanciers, ses créanciers sont reçus, dans notre jurisprudence française, à exercer les droits de leur débiteur dans la succession. »

Le même auteur est tout aussi explicite dans son *Traité des successions*, chap. 3, sect. 3, art. 1, § 3 et dans celui *des substitutions*, n° 193. D'autres auteurs anciens et notamment Boutaric (*Institutes conférées avec le droit français*, liv. 4, t. 6, § 6, p. 535), Serres (*Institutions du droit français*, p. 399), Furgole (*Sur les substitutions*, p. 223 et 224), et Coquille (*Sur la coutume du Nivernais*, titre des Exécutions, n° 14), font l'application de l'action Paulienne à différentes hypothèses.

Dans notre ancien droit, l'action Paulienne pouvait donc être exercée pour faire tomber tous les actes préjudiciables, aliénations ou autres.

Mais quelle était, dans l'ancien droit, la nature de l'action Paulienne? Elle était, je crois, personnelle, et j'en trouve la preuve dans Domat (*Lois civiles*, liv. 2, tit. 10, p. 317) où je lis : « Quoique les fraudes, au préjudice des créanciers, se forment souvent par des conventions entre les débiteurs et ceux qui sont avec eux d'intelligence, les *engagements* qui naissent de ces fraudes, et qui obligent envers les créanciers ceux qui y participent, ne laissent pas d'être du nombre des *engagements* qui se forment sans convention. » Et immédiatement après : « Les fraudes que font les débiteurs et ceux qui se rendent leurs complices pour faire perdre aux créanciers ce qui leur est dû sont de plusieurs sortes et forment des *engagements* qui feront la matière de ce titre. (Dans le même sens : du Perrier, t. 3, p. 173 et 174.)

Ainsi, d'après ces auteurs, l'action Paulienne a pour fondement la fraude commise par le débiteur et son complice ou l'enrichissement injuste du donataire. Ce sont là, au premier chef, les éléments constitutifs d'une action personnelle ou indemnitaire. Aucun doute sérieux ne me paraît possible sur ce point.

Mais qu'était devenue l'action Paulienne réelle, introduite, à mon avis, dans le dernier état du droit romain, à côté de l'action personnelle? Elle tomba, je crois, en désuétude, car Boutaric, dans ses *Institutes* (p. 535), nous en parle comme d'un procédé ancien, en usage seulement sous l'empire du droit romain.

Il me reste à parler des innovations établies par notre ancien droit en matière de renonciations.

On l'a vu, les lois romaines n'autorisent pas les créanciers à attaquer la renonciation faite par leur débiteur à une succession avantageuse, car, d'après elles, le débiteur, par cette renonciation, n'a pas diminué son patrimoine; il a voulu seulement ne pas l'augmenter.

Au contraire, tous nos anciens auteurs donnent, sur ce point, une solution absolument opposée.

Écoutons Boutaric, dans ses *Institutes*, page 535 : « Les créanciers dit cet auteur, entrent dans tous les droits de leur débiteur *et les peuvent exercer malgré lui;* le débiteur ne peut, au préjudice de ses créanciers, renoncer à un legs ni à une succession, soit testamentaire ou *ab intestat*, et, s'il renonce, les créanciers peuvent accepter pour lui pourvu qu'ils le fassent à leurs périls, risques et fortunes. »

Furgole (*Sur l'ordonnance de* 1747, p. 224) est aussi très-explicite sur ce point : « Notre article, dit-il, pourvoit à l'intérêt des créanciers bien plus amplement que ne faisait le droit romain. Lorsqu'un débiteur faisait quelque chose au préjudice des créanciers, le droit romain, dans le titre *Quæ in fraud.* donnait aux créanciers le droit de se plaindre et de demander la révocation de ce qui avait été fait à leur préjudice; mais notre article va plus loin : il veut que, même sans attaquer la restitution anticipée, *qui doit être considérée comme non avenue*, les créanciers du grevé puissent *exercer les mêmes droits et actions que s'il n'y avait point eu de restitution anticipée.* »

Voici maintenant Montvallon (*Traité des successions*, t. 2, p. 214,) : « Nous tenons pour règle que le débiteur ne peut faire une pareille renonciation et que les créanciers sont recevables à accepter la succession ou le legs au lieu et place de leur débiteur. »

Enfin Dunod, dans son *Traité de la prescription, de l'aliénation des biens de l'Église et des dîmes*, page 110, s'exprime ainsi : « Si celui qui a prescrit négligeait de s'en prévaloir, ses créanciers pourraient le faire, s'il y allait de leur intérêt, parce que *la prescription forme un droit acquis* dont on ne peut se dépouiller au préjudice de ses créanciers. » Adde : Merlin, *Quest. de droit*, v°. *Usufruit paternel*, § 10.

Le principe est donc certain. Toutes renonciations à une succession, à la communauté, à la prescription, à un usufruit légal ou conventionnel, à une légitime, à une substitution, à un legs; toutes restitutions anticipées de biens substitués sont anéanties de plein droit lorsqu'elles sont préjudiciables aux créanciers, et ceux-ci peuvent exercer les droits de leur débiteur comme si la renonciation n'avait pas eu lieu.

Mais comment expliquer que nos anciens auteurs

n'aient pas suivi, en matière de renonciation, la doctrine du droit romain ?

A mon avis, les principes sur l'action Paulienne ne peuvent servir à résoudre cette question.

En effet, tous les auteurs anciens justifient leur solution sur ce point en disant que les créanciers sont admis *à exercer tous les droits de leur débiteur*.

C'est là un principe évident, mais un pareil exercice suppose des droits définitivement entrés dans le patrimoine du débiteur, des droits acquis.

Dès lors, pour justifier la solution donnée par tous nos anciens auteurs en matière de renonciations, on est obligé d'admettre qu'ils considéraient les droits dépendant d'une succession comme définitivement acquis à l'héritier dès l'ouverture de la succession, bien que celui-ci pût s'en dépouiller par une simple manifestation de volonté. Pour eux tout droit dont une volonté étrangère ne pouvait empêcher la réalisation était un droit acquis.

Les créanciers d'un débiteur auquel une succession était échue pouvaient donc, malgré sa renonciation, exercer tous les droits qui dépendaient de cette succession, car ils faisaient définitivement partie du patrimoine de leur débiteur.

A Rome, au contraire, on entendait par droits acquis ceux dont l'existence n'était subordonnée ni à la volonté d'un tiers ni à celle du créancier ou titulaire. Dès lors l'héritier romain qui s'abstenait de l'hérédité ou refusait de faire adition ne répudiait pas un droit acquis, de nature a être exercé par ses créanciers, puisqu'il pouvait toujours s'en dépouiller par une simple manifestation de volonté. Les jurisconsultes romains en concluaient que les créanciers ne pouvaient attaquer la renonciation faite par leur débiteur, ni exercer en son lieu et place des droits héréditaires qui n'étaient jamais définitivement entrés dans son patrimoine.

Il me paraît difficile de justifier autrement les différentes solutions données en cette matière par le droit romain et le droit français.

Cependant des auteurs de mérite ont présenté sur ce point une autre explication. La différence entre les deux législations tient, d'après eux, à un changement de principe sur les effets de l'acceptation des successions. Dès lors qu'on admettait, dans notre ancien droit, que les héritiers se trouvaient investis, du moment du décès, et sans avoir besoin de faire adition, de la propriété des biens compris dans l'hérédité, il était naturel, disent ces auteurs, de permettre aux créanciers d'attaquer la répudiation frauduleuse que le débiteur aurait faite, à leur préjudice, d'une succession avantageuse; car, par suite de l'adoption du nouveau principe, il y avait véritablement, dans ce cas, *aliquid e patrimonio debitoris erogatum* (Marcadé, t. 4, p. 498; Capmas, *De la révocation des actes faits par le débiteur en fraude des droits du créancier*, p. 16). L'héritier du droit romain, au contraire, n'était pas saisi. Il y avait là, d'après ces auteurs, un motif suffisant de donner une solution différente. Cette idée ne me paraît pas exacte. En effet, est-il bien vrai que l'héritier du droit romain n'aliène pas quand il répudie une hérédité? L'héritier externe qui refuse de faire adition, soit; mais l'héritier sien et nécessaire, qui recourt au bénéfice d'abstention, n'aliène-t-il pas? N'est-il pas saisi comme l'héritier français? Évidemment si, et cependant il n'est pas soumis à l'action Paulienne. Et surtout le légataire du droit français, qui n'a pas la saisine, ne fait pas autre chose que de refuser d'acquérir, et cependant on a contre lui l'action Paulienne que refusait le droit romain. La différence entre les deux législations sur ce point tient donc à un changement dans les principes, et ce changement est relatif, comme je l'ai dit, à la manière d'envisager les droits acquis. Je retrouverai, du reste, cette question dans mon étude du droit français.

J'ai dit que les créanciers, attaquant une renonciation faite par leur débiteur, qui par là s'est rendu insolvable, n'avaient à prouver que le préjudice et étaient dispensés de prouver l'intention frauduleuse de ce débiteur. Je dois ajouter que cette doctrine n'était pas universellement acceptée. En effet, Ricord, avant l'ordonnance de 1747 (*Traité des substitutions*, ch. 10, part. 2) et depuis Pothier (*Des substitutions*, sect. 6, art. 1er, § 2) s'en tenaient purement et simplement aux principes du droit romain. Fidèle aux traditions romaines, Pothier exige aussi toujours la fraude dans le cas d'une renonciation à une succession ou à la communauté. (Pothier, *Suc-*

cessions, ch. 3, sect. 3, art. 1er, § 3. — *De la communauté*, ch. 2, art. 1er, § 1er, n° 533.)

Cette controverse n'a pas cessé sous l'empire du Code; je la retrouverai et la discuterai plus tard.

Je divise maintenant ainsi qu'il suit mes explications sur la théorie de l'action Paulienne dans notre droit moderne.

DROIT CIVIL

DIVISION

I. Quels sont les actes de leur débiteur que les créanciers peuvent attaquer comme faits en fraude de leurs droits?

II. Conditions d'exercice de l'action Paulienne.

III. Caractères et durée.

IV. Qui peut intenter l'action Paulienne et contre qui peut-elle être intentée?

V. Quels sont ses effets?

CHAPITRE PREMIER

QUELS SONT LES ACTES DE LEUR DÉBITEUR QUE LES CRÉANCIERS PEUVENT ATTAQUER COMME FAITS EN FRAUDE DE LEURS DROITS?

Les jurisconsultes romains répondaient à cette

question : Tous les actes frauduleux peuvent être attaqués (L. 1, § 2, D., *Quæ in fraud. cred.*).

Dans notre droit, l'article 1167 est ainsi conçu : « Ils peuvent aussi (les créanciers), en leur nom personnel, attaquer les actes faits par leur débiteur en fraude de leurs droits. Ils doivent, néanmoins, quant à leurs droits énoncés au titre des Successions et au titre du Contrat de mariage et des droits respectifs des époux, se conformer aux règles qui y sont prescrites. »

Je cite immédiatement, à côté de ce texte, l'article 1166, ainsi conçu : « Néanmoins les créanciers peuvent exercer tous les droits et actions de leur débiteur, à l'exception de ceux qui sont exclusivement attachés à la personne. »

Nous connaissons la règle. Mais quel est son principe générateur? Il est facile de le préciser : Dans toutes les sociétés civilisées, les créanciers ont été protégés contre la négligence et la fraude de leurs débiteurs. Cette protection, commandée par l'équité la plus élémentaire, a trouvé sa formule légale, dans l'article 2093 du Code civil, suivant lequel « les biens du débiteur sont le gage commun de ses créanciers », formule énergique s'il en fut, mais que nous pouvons employer sans danger, à la condition de distinguer soigneusement ce gage imparfait du gage proprement dit. Eh bien ! les articles 1166 et 1167 sont la sanction écrite de ce principe protecteur et sont, par suite, intimement liés l'un à l'autre.

De ce rapprochement, je conclus, sans hésiter, que l'action Paulienne n'est recevable qu'autant qu'il s'agit pour les créanciers de faire revivre à leur profit des droits dont l'exercice ne leur est pas interdit, comme exclusivement attachés à la personne du débiteur.

Mais quels sont ces droits? Je ne puis ici qu'indiquer le principe : Sont, à mon avis, exclusivement attachés à la personne du débiteur les droits et actions qui ne présentent pas un intérêt pécuniaire et actuel, et ceux qui, soit d'après une disposition spéciale de la loi, ou l'analogie résultant d'une pareille disposition, soit d'après le motif et le but en vue desquels l'action ou le droit a été concédé, ne peuvent être exercés que par le débiteur ou qui, du moins, ne peuvent pas l'être contre sa volonté par une autre personne.

Cette règle, qui demanderait une énumération assez longue, donne lieu à de sérieuses difficultés. J'indique quelques-unes des questions controversées qui, du reste, sont en dehors de mon sujet.

1° L'action pure et simple en réclamation d'état, peut-elle être exercée par les créanciers ? J'adopte la négative en me fondant sur ce que l'action en réclamation d'état n'a pas pour objet immédiat et direct un intérêt pécuniairement appréciable (1).

(1) Duranton, t. 3, p. 160 et 10, p. 563; Aubry et Rau, nouvelle édition, t. 4, p. 125, note 30; *Contra* : Toullier, t. 6, p. 382; Merlin, *Quest.*, v° *Hypothèques*, § 4, n° 4, et *Répertoire*, v° *Légitimité*, sect. 4, § 1, n° 1.

Mais il en serait autrement si la réclamation d'état était formée à l'appui d'une autre action, présentant un intérêt pécuniaire, à l'appui d'une pétition d'hérédité, par exemple. Les créanciers pouvant exercer une pareille action, sont par là même autorisés à faire valoir tous les moyens nécessaires au succès de leur demande (1).

2° Que décider des actions en nullité ou rescision d'obligations? On doit, à mon avis, les considérer comme pouvant être exercées par les créanciers, lors même qu'elles seraient fondées sur la violence, l'erreur ou le dol dont le débiteur aurait été victime, ou sur l'incapacité personnelle de ce dernier(2). On a invoqué, en sens contraire, l'article 2012 qui qualifie l'exception de minorité de purement personnelle; on a dit que ces expressions étaient synonymes de celles de l'article 1166. C'est une erreur. L'article 2012 signifie que la caution ne peut prétendre à l'exception de minorité lorsqu'elle cautionne un mineur; décision fort sage, car le cautionnement a précisément pour but, dans ce cas, de garantir contre le vice de minorité. L'article 1208 est conçu dans le même esprit que l'article 2012. Il parle de défenses personnelles, par opposition aux défenses communes à tous les codébiteurs solidaires.

3° L'émancipation d'un enfant mineur de dix-

(1) Aubry et Rau, *loc. cit.*; Marcadé, sur l'art. 1166, n° 2; Valette sur Proudhon, t. 2, p. 122 et note *a*; Larombière, sur l'art. 1166, n° 4.

(2) Aubry et Rau, op. cit., p. 128, notes 47 et 48.

huit ans a pour effet d'éteindre l'usufruit légal du père ou de la mère, selon la distinction établie dans l'article 384. Les créanciers, en cas de fraude, seront-ils autorisés à intenter l'action Paulienne? J'adopterais la négative; l'émancipation est un acte de puissance paternelle, de juridiction domestique, qui doit rester intact. Qu'on ne dise pas que les créanciers pourront, tout en respectant l'émancipation, faire rentrer l'usufruit aux mains du père; la loi a inséparablement uni la perte de l'usufruit et l'émancipation; il est impossible de scinder cette opération unique, d'autant plus que l'émancipation ne peut produire ses avantages que si l'enfant acquiert l'administration de sa fortune.

4° Enfin, en droit romain, l'action Paulienne n'était admise que contre les actes par lesquels le débiteur avait diminué son patrimoine, et non pas contre les actes par lesquels il avait seulement négligé de l'augmenter. Cette règle existe-t-elle encore dans notre droit? J'en suis convaincu. Et d'abord j'invoque en ma faveur l'autorité des précédents. Cette distinction était universellement admise à Rome. C'est donc dans le droit romain qu'il faut, dans notre hypothèse, comme dans beaucoup d'autres, aller chercher la vérité, puisque le Code est muet sur ce point. Du reste, les arguments invoqués contre ma doctrine paraissent, au contraire, singulièrement la fortifier (1).

(1) En ce sens, Marcadé, sur l'art. 1167, n° 3; Colmet de

Nos anciens auteurs, et notamment Pothier et Domat (1), témoignent, dit-on, que la règle romaine sur ce point a été modifiée. Je l'admets; mais ce n'est pas là, j'imagine, un motif suffisant pour conclure que notre législateur, qui est muet, a répudié la doctrine romaine et adopté celle de notre ancien droit. En outre, cet argument historique perd beaucoup de sa force en présence d'un article du projet: sur les observations du tribunal de cassation, qui demandait que la fraude ne fût pas déclarée nécessaire pour les actes gratuits, la section de législation avait préparé un article qui admettait en partie cette réclamation, en déclarant que le simple fait du préjudice suffirait quand il s'agirait de la renonciation du débiteur, soit à une succession, ***soit à une donation précédemment acceptée par lui*** (Fenet, t. 13, p. 12). Ainsi, d'après le projet, et c'est bien la théorie romaine, le débiteur, pour être soumis à l'action Paulienne, devait abandonner des biens qui lui appartenaient déjà, consentir, en un mot, à une diminution de son patrimoine. Cet article, il est vrai, a été supprimé, mais n'en indique pas moins quelles étaient, sur ce point, les tendances de notre législateur.

Voici maintenant les arguments de texte invoqués contre ma doctrine.

Le premier est tiré des articles 2092 et 2093, qui

Santerre, t. 5, n° 82 *bis*, 3; Mourlon, *Répétitions écrites*, t. 2, p. 528; *Contra :* Larombière, t. 1, p. 722, n° 10.

(1) *Lois civiles*, l. 2, tit. 10.

donnent pour gage aux créanciers, non-seulement les biens présents de leurs débiteurs, mais encore ses biens à venir. C'est, dit-on, diminuer ce gage que de refuser d'acquérir ces biens à venir. Je ne saurais admettre cet argument. La pensée des articles 2092 et 2093 est tout simplement que le droit de gage de mon créancier frappe immédiatement sur les biens qui m'appartiennent au jour où naît mon obligation, et frappera plus tard, au fur et à mesure des acquisitions, sur les biens qui m'appartiendront par la suite. Mais, apparemment, l'article 2092 n'a pas voulu dire que les biens à venir, tant qu'ils ne sont que biens à venir, et qu'ils n'appartiennent pas encore au débiteur, forment le gage de ses créanciers.

Le deuxième argument est déduit de l'article 2225, aux termes duquel les créanciers ou toute autre personne ayant intérêt à ce que la prescription soit acquise, peuvent l'opposer, encore que le débiteur ou le propriétaire y renonce. On en conclut que les créanciers peuvent se plaindre de ce que le débiteur manque d'acquérir. Mais c'est encore là une erreur. Celui qui renonce à un droit acquis par prescription renonce à un bien présent qui fait partie de son patrimoine. La preuve en résulte de la définition même que l'article 2219 fournit de la prescription : un moyen d'acquérir ou de se libérer ; d'où il suit que l'acquisition ou la libération sont consommées, d'après la théorie du Code, par le seul effet du laps de temps. Donc renoncer à la prescription, c'est renoncer à un droit acquis et diminuer son patrimoine en aliénant ou en s'obligeant.

Enfin, on argumente, mais bien mal à propos, de l'article 788 qui permet aux créanciers de faire tomber la renonciation faite par un débiteur à une succession. Cette décision, dit-on, est tout à fait contraire à la théorie romaine. Sans doute ; mais ceci tient, répondent plusieurs jurisconsultes, à un changement de principe sur les effets de l'acceptation des successions. L'héritier français est saisi de plein droit, l'héritier externe du droit romain ne l'était pas. Il y a là un motif suffisant de donner une solution différente. Je reconnais, du reste, que cette explication n'est pas pleinement satisfaisante. En effet, à Rome, l'héritier sien et nécessaire, le légataire *per vindicationem*, acquéraient un droit immédiat que la renonciation leur faisait perdre ; eux aussi étaient saisis comme l'héritier français, et cependant l'abstention du premier et la répudiation du second ne donnaient pas ouverture à l'action Paulienne. Cette objection tombe si l'on admet, comme je l'ai indiqué dans mon étude du droit ancien, que tout en acceptant la distinction traditionnelle entre les actes par lesquels le débiteur diminue son patrimoine et ceux par lesquels il néglige de l'augmenter, les rédacteurs du Code ont accepté aussi le changement introduit par nos anciens auteurs et relatif à la manière d'apprécier les droits acquis. En se plaçant à ce point de vue, on comprend aisément que le légataire et l'héritier du droit français ne puissent renoncer en fraude de leurs créanciers.

Voilà donc la règle posée. Tout acte, quel qu'il soit, par lequel le débiteur aliène, en fraude de ses créanciers, les biens qui font partie de son patrimoine, peut être l'objet de l'action Paulienne. J'indique quelques applications en dehors de celles mentionnées par les textes et que j'étudierai plus tard.

Le refus d'accepter l'offre d'un contrat à titre onéreux, avantageux, ou même l'offre d'une donation, fait-il naître l'action Paulienne? Non, car, dans ce cas, le débiteur ne renonce pas à des droits acquis. En effet, l'offre pouvait être retirée jusqu'à l'acceptation, la volonté d'un tiers pouvait annihiler le droit qu'avait le débiteur d'accepter.

De même les payements faits ou les hypothèques constituées par un débiteur obéré, au profit de l'un de ses créanciers, ne peuvent être en principe attaqués, par cela seul que les créanciers les auraient acceptés en connaissance de l'insolvabilité du débiteur. Car notre action ne saurait être admise contre celui qui ne fait qu'exercer un droit légitime. Il faut dire encore avec Paul : « *Nihil dolo facit creditor qui suum recipit* » (L. 129, D. *De reg. juris*), et avec Scœvola : « *Jus civile vigilantibus scriptum est* (1). » Mais il devrait en être autrement s'il était établi que ces actes ont été passés bien moins dans l'intérêt légitime de l'un des créanciers que dans le but

(1) Larombière, t. 1, p. 747, n° 40.

frauduleux de soustraire aux poursuites des autres une partie des biens du débiteur. C'est, en un mot, aux magistrats qu'il appartient d'apprécier, en fait, les circonstances et d'accorder ou de refuser, suivant les cas, l'action Paulienne (1).

Des observations analogues s'appliquent aux nouvelles dettes que contracte un débiteur insolvable; en effet, celui qui a des dettes n'en conserve pas moins l'administration de son patrimoine; il demeure donc toujours capable de s'obliger et, en principe, l'action Paulienne n'est pas admise dans cette hypothèse. C'est ce qu'Ulpien, L. 1, § 2, *De separationibus*, disait excellemment : « *Licet alicui, adjiciendo sibi creditorem, creditoris sui facere deteriorem conditionem*. Mais la solution devrait être différente s'il résultait des circonstances que la nouvelle obligation a été contractée au préjudice des anciens créanciers par suite d'un concert frauduleux entre le débiteur et le nouveau créancier; comme si celui-ci avait fourni des fonds au débiteur, sachant qu'il se proposait de les dissimuler et de les mettre en dehors de son patrimoine en stipulant pour lui-même des garanties particulières, dont le résultat était de diminuer le gage des autres créanciers (2).

Les jugements mêmes qui ont été rendus contre

(1) Larombière, *loc. cit.*; Demolombe, t. 25, p. 226; Aubry et Rau, t. 4, p. 140, note 31; Req. rej., 24 novembre 1835, S. 36, 1, 350; Req. rej. 12 fév. 1849, S., 49, 1, 506.

(2) Voir les auteurs cités à la note précédente.

le débiteur peuvent-ils être attaqués par ses créanciers comme rendus en fraude de leurs droits? Dans le droit romain les jugements n'échappaient pas à l'action Paulienne (L. 5, C., *De pign. et hypot.*, liv. 8, tit. 14), et je crois qu'il en est de même sous l'empire du Code. En effet, l'article 474 du Code de procédure civile est ainsi conçu : « Une partie peut former tierce opposition à un jugement qui préjudicie à ses droits et lors duquel ni elle ni ceux qu'elle représente n'ont été appelés. » Or le jugement préjudicie aux droits des créanciers, et ils n'y ont pas été appelés; on ne peut pas objecter qu'ils ont été représentés, car le procès soulevé n'a été qu'apparent; il n'y a pas eu de contestation sérieuse et, par suite, pas de représentation possible. Du reste, l'article 873 du même Code fournit une preuve formelle dans le sens de l'affirmative. Cet article limite à un an le droit qu'ont les créanciers du mari de former tierce opposition au jugement qui a prononcé la séparation de biens contre lui, lorsque les formalités prescrites par la loi ont été remplies. N'est-ce pas dire virtuellement que les créanciers peuvent invoquer ce moyen d'attaque? La restriction démontre qu'en thèse générale, la tierce opposition peut être valablement formée dans le délai habituel (trente ans) (1).

L'article 1167 renvoie, dans son second alinéa, aux titres des Successions et du Contrat de mariage.

(1) Boitard, *Proc. civ.*, t. 2, n° 721.

Le renvoi au titre des Successions paraît s'adresser à l'article 882, aux termes duquel le partage consommé ne peut être révoqué pour cause de fraude, à moins qu'il n'ait été fait hors de la présence des créanciers et au préjudice d'une opposition qu'ils auraient formée.

Le partage peut être fait en fraude des droits des créanciers dans plusieurs cas; je cite quelques exemples :

1° Le débiteur successible reçoit une part moindre que celle qui devait lui être attribuée.

2° On place dans son lot des biens qu'il peut facilement dissimuler ou des créances insaisissables.

3° Le débiteur avait accepté une donation d'immeuble du *de cujus* et avait ensuite hypothéqué l'immeuble. Il s'entend pour faire le rapport en nature, alors qu'il pourrait le faire en moins prenant, pour éteindre les hypothèques.

4° Des hypothèques générales existaient sur les biens du débiteur; il obtient qu'on mette dans son lot exclusivement des meubles.

En présence de ces fraudes possibles, le législateur a donné aux créanciers le droit d'intervenir au partage. Trois cas peuvent se présenter :

Premier cas. — Les créanciers sont intervenus. Ils perdent le droit d'attaquer le partage, si ce n'est au nom de leur débiteur.

Deuxième cas. — On a procédé au partage malgré leur opposition. Ici les opinions sont divergentes.

D'après les uns, le partage est nul (*sic* C. de Douai,

26 décembre 1853); d'après les autres, les créanciers acquièrent le droit de le faire redresser, de façon à ce qu'il ne leur porte plus préjudice (Orléans, 11 mai 1861).

Troisième cas. — On a procédé au partage sans que les créanciers soient intervenus et sans qu'ils se soient opposés.

En l'absence de l'article 882, on dirait : Les créanciers peuvent faire révoquer le partage en prouvant la fraude. Mais l'article 882 me paraît apporter une dérogation à l'article 1167, et je décide qu'aucun recours, en principe, n'est ouvert. Cependant j'admettrais les créanciers à attaquer le partage, si la précipitation avec laquelle il y a été intentionnellement procédé ne leur a pas laissé le temps d'y former opposition (1). On a toutefois prétendu que l'article 882 refusait le droit d'agir au seul cas de préjudice, et qu'il laissait ce droit intact quand il y avait fraude (*sic* Paris, 10 juillet 1839). Cette explication rend l'article 882 absolument inutile, car de droit commun, les créanciers ne peuvent attaquer les actes simplement préjudiciables ; aussi je crois devoir la rejeter.

MM. Aubry et Rau ont proposé un autre système. D'après ces jurisconsultes, l'article 882 donne action au cas de collusion de la part de tous les copartageants et la dénie au cas de fraude du débiteur

(1) Demolombe, t. 17, p. 279 et suiv. Req. rej., 14 février 1870, S., 70, 1, 294.

seul (1). L'article 882 est trop formel pour admettre cette distinction.

Enfin, d'après un troisième système, l'article 882 contient pour les partages une exception à l'article 1167, mais il ne s'applique qu'à un seul cas de fraude : celui où les cohéritiers, de concert entre eux, auraient, à la faveur de l'effet déclaratif du partage, privé les créanciers non opposants des sûretés réelles qu'ils avaient reçues d'un héritier sur un immeuble héréditaire, avant le rapport ou pendant l'indivision (M. Boissonnade, *Revue critique* 1856, t. 9, p. 450 et suiv).

Rien ne démontre la légitimité de cette restriction.

Du reste, un partage simulé étant une apparence et non une réalité, rien ne s'oppose, dans ce cas, à ce que les créanciers demandent, non pas un nouveau partage, parce qu'un partage simulé n'en est pas un, mais la nullité de l'acte indûment qualifié (2).

L'article 882 doit être appliqué au partage de la communauté (arg. art. 1476).

La jurisprudence se refuse à l'étendre aux sociétés ordinaires (3). J'inclinerais vers la doctrine contraire.

L'article 882, en même temps qu'il renvoie au titre des Successions, renvoie aussi au titre du Contrat de mariage. Cette seconde exception est introuvable. Toutefois, pour justifier le texte, dans

(1) Aubry et Rau, t. 4, p. 141.
(2) Req. rej., 22 mai 1854, S., 55, 1, 520.
(3) Req. rej., 9 juill. 1866, S., 66, 1, 361.

une certaine mesure, on peut dire que l'article 882 s'applique au partage de la communauté. On peut aussi invoquer les articles 872 et 873 du Code de procédure civile. Lorsque la femme, qui a obtenu la séparation de biens, accomplit certaines formalités, les créanciers n'ont qu'une année pour attaquer le jugement. C'est là une dérogation aux règles concernant la durée de l'action Paulienne.

CHAPITRE II.

CONDITIONS D'EXERCICE DE L'ACTION PAULIENNE.

Deux conditions principales sont requises pour que les créanciers puissent attaquer, en leur nom personnel, les actes faits par leur débiteur : 1° il faut que ces actes leur aient causé un préjudice ; 2° il faut qu'ils aient été faits en connaissance de cause.

Et d'abord il va de soi que l'acte doit être préjudiciable ; car, sans intérêt, pas d'action. Il faut donc que l'acte attaqué ait causé ou augmenté l'insolvabilité du débiteur ; il faut, de plus, que le débiteur soit insolvable au moment où s'exerce l'action ; s'il peut, en effet, désintéresser ses créanciers, ils n'ont aucun motif de se plaindre.

Les créanciers doivent donc, avant tout, discuter les biens de leur débiteur pour prouver son insolvabilité actuelle. S'ils attaquent directement les tiers, ceux-ci pourront toujours leur opposer une fin de non-recevoir et repousser, pour le moment du moins, les poursuites dont ils sont l'objet.

Ce qu'il importe de remarquer, c'est qu'il ne s'agit pas ici d'une simple exception de discussion, comme celle par laquelle la caution, poursuivie par le créancier, peut requérir que le débiteur principal soit préalablement discuté dans ses biens (art. 2021). La discussion préalable des biens du débiteur *fraudator* est, au contraire, la condition première de la recevabilité de l'action Paulienne. Elle touche au fond même de la demande. Aussi le tiers défendeur n'est-il pas déchu de son droit pour avoir omis de requérir la discussion *in limine litis* (art. 2022). Il n'est pas obligé d'avancer les deniers nécessaires pour discuter les biens du débiteur comme la caution. Enfin ce n'est pas à lui à indiquer les biens qui doivent être discutés.

Cette solution est équitable; en effet, quelle différence profonde entre la situation du tiers acquéreur et celle de la caution ! La caution est obligée à la dette, le tiers acquéreur ne l'est point. Il n'a point traité avec le créancier demandeur. Et si la loi donne à ce dernier un recours subsidiaire dans l'action révocatoire, c'est là quelque chose d'extraordinaire, une ressource qui ne doit être accordée qu'à la dernière extrémité. On ne peut donc raisonner par voie d'analogie. On ne peut voir un bénéfice, une faveur, dans le droit qu'a le tiers poursuivi de renvoyer les créanciers sur les biens de leur débiteur (1). Cependant si les biens à discuter étaient litigieux

(1) Proudhon, t. 4, n° 2400 ; Toullier, t. 6, n°s 344 et suiv.; Duranton, t. 10, n° 572-3°.

ou situés en pays étranger, je pense qu'il appartiendrait aux juges d'apprécier si ces biens sont raisonnablement à la portée des créanciers, et s'ils offrent un gage suffisant à ses poursuites. Il serait singulier, en effet, de forcer les créanciers à faire des frais qui ne leur rapporteraient peut-être aucun profit et ne feraient qu'augmenter leurs pertes. Ce serait rendre, en pareil cas, l'action Paulienne tout à fait inutile ; les créanciers reculeraient toujours devant une discussion qui leur créerait beaucoup de difficultés et n'aboutirait souvent qu'à un résultat nul ou insignifiant. Cette réserve était faite sous notre ancienne jurisprudence, et elle a été admise par la Cour de cassation, dans un arrêt du 22 juillet 1835 (1). Du reste, le juge ne peut ordonner d'office cette discussion si les tiers ne la demandent pas. Leur silence équivaut alors à une reconnaissance tacite de l'insolvabilité du débiteur.

La seconde condition dont les créanciers doivent prouver l'existence est la fraude. Pour qu'il y ait fraude, il n'est pas nécessaire que le débiteur ait agi dans l'intention bien arrêtée de nuire à ses créanciers ; il y a *consilium fraudis* quand le débiteur savait par cet acte se rendre insolvable ou augmenter son insolvabilité actuelle. Telle est la définition donnée par les jurisconsultes romains et qui est encore exacte aujourd'hui.

(1) Larombière, sur l'art. 1167, t. 1, p. 729, n° 17 ; Demolombe, t. 25, p. 173 et suiv. ; Aubry et Rau, t. 4, p. 132, note 11.

Mais la fraude du débiteur constitue-t-elle toujours un vice assez radical pour infirmer les actes qu'il a faits? Les jurisconsultes romains répondaient par une distinction (1). La fraude est exigée *ex parte debitoris*, dans tous les cas, sans distinguer entre les actes à titre gratuit ou onéreux. De la part des tiers qui ont traité avec lui, elle n'est exigée que dans les actes à titre onéreux (2).

La même doctrine fut suivie par nos anciens auteurs. (Comp. Lebrun, *Successions*, liv. 3, chap. 8, sect. 2, n° 27; Pothier, *Des obligations*, n° 153; *De la communauté*, n° 533; *Des successions*, ch. 3, sect. 3, § 3, et *Introduction à la coutume d'Orléans*, tit. 15, n° 67.) Elle doit être encore acceptée sous l'empire du Code.

Cependant on a mis en question de nos jours si, dans les actes à titre gratuit, la fraude était exigée chez le débiteur. La difficulté vient de ce que, dans les divers articles, soit de principe, soit d'application, qui traitent de la révocation des actes accomplis en fraude des droits des créanciers, la loi n'a pas employé les mêmes expressions, ce qui tout naturellement a dû faire naître des incertitudes dans l'interprétation des textes. Ainsi, dans l'article 1167, qui est la disposition de principe, la loi dit fraude, dans les dispositions d'applications, elle dit tantôt fraude, tantôt préjudice: les articles 622, 788 et 1053 parlent de préjudice, l'article 1464 de

(1) Voir L. 1, L. 6, §§ 8 et 12; L. 3, D., *Quæ in fraud. cred.*
(2) L. 5, Code, liv. 7, tit. 75.

fraude, l'article 2225 de l'intérêt, Quelle est, en définitive, la pensée de la loi sur ce point ? La question est délicate. Pour plus de clarté, je retracerai l'historique de nos articles.

A. Projet de la commission de l'an VIII.

Ce projet renfermait six dispositions, correspondant aux articles 622, 788, 1167, 1447, 1464 et 2225, et dont voici le texte :

Article 43, liv. 2, tit. 3, sect. 3 du projet (aujourd'hui art. 622) : « Si la renonciation est faite en fraude des créanciers de l'usufruitier, ils peuvent la faire annuler (1). »

Article 93, liv. 3, tit. 1, ch. 6, sect. 2 du projet (aujourd'hui art. 788) : « Les créanciers de celui qui renonce en fraude et au préjudice de leurs droits, peuvent attaquer la renonciation, et se faire autoriser en justice à accepter la succession du chef de leur débiteur et en son lieu et place (2). »

Article 62, livre 3, titre 3, chapitre 2, section 5 du projet (aujourd'hui art. 1167) : « Ils ne peuvent attaquer, sous prétexte de fraude à leurs droits, les actes faits par leur débiteur que dans les deux cas suivants : 1° lorsqu'il s'agit d'actes réprouvés par la loi concernant les faillites ; 2° lorsqu'il s'agit d'une renonciation faite par le débiteur à un titre lucratif tel qu'une succession ou une donation, à la charge

(1) Fenet, t. 2, p. 113.
(2) Fenet, t. 2, p. 140.

par les créanciers de se faire subroger aux droits de leur débiteur et de prendre sur eux tous les risques du titre qu'ils acceptent de son chef (1). »

Article 65, livre 3, titre 10, chapitre 2, section 4 du projet (aujourd'hui art. 1447) : « Les créanciers du mari peuvent intervenir dans l'instance sur la demande en séparation et la contester si elle est provoquée en fraude de leurs droits (2). »

Article 82, livre 3, chapitre 2, section 5 du projet (aujourd'hui art. 1464) : « Les créanciers de la femme pourront attaquer la renonciation qui a été faite par elle ou par ses héritiers en fraude de leurs créances et accepter la communauté (3).

Article 7, livre 3, titre 20 du projet (aujourd'hui art. 2225) : « Les créanciers postérieurs, ou toute autre personne ayant intérêt à ce que la prescription soit acquise, peuvent l'opposer, encore que le débiteur ou le propriétaire y renonce.

B. Projet du tribunal de cassation.

Le tribunal ne change rien aux articles correspondant à nos articles 1447, 1464, 2225, mais il demande que dans les articles 43 (aujourd'hui 622) et 93 (aujourd'hui 788) on remplace les mots en fraude par ceux-ci : au préjudice, et il donne les motifs de ce changement : « La fraude suppose *consi-*

(1) Fenet, t. 2, p. 168.
(2) Fenet, t. 2, p. 315.
(3) Fenet, t. 2, p. 318.

lium et *eventus* ; or, ne suffit-il pas que, par l'événement, une renonciation porte préjudice aux créanciers quoiqu'elle ne soit pas frauduleuse dans l'intention du renonçant pour qu'il y ait lieu de la faire annuler? La fraude du renonçant qui suppose à la fois *consilium* et *eventus* ne doit pas être exigée pour que les créanciers puissent attaquer la renonciation ; il doit suffire qu'elle soit préjudiciable (1).

Quant à l'article 62 (aujourd'hui 1167) le tribunal de cassation, sans tenir compte de son texte littéral, en donna l'interprétation suivante : « Tous les actes qu'un débiteur peut faire pour nuire à ses créanciers peuvent être révoqués, à condition que ceux-ci établissent le préjudice et la fraude, mais, par exception, la fraude sera présumée dans deux cas, la faillite et la renonciation à un titre lucratif, tel qu'une succession ou une donation. S'il s'agit d'une renonciation à un titre lucratif, les créanciers qui veulent faire tomber cette renonciation doivent se faire subroger aux droits de leur débiteur et prendre sur eux tous les risques et toutes les charges du titre qu'ils acceptent à sa place. » Enfin, je remarque que le tribunal de cassation en substituant le simple préjudice à la fraude à l'égard de la renonciation à l'usufruit et de la renonciation à une succession, laisse intact l'article 82 du projet de la commission, aux termes duquel la femme pouvait impunément renoncer à la communauté au préjudice de ses créanciers, pourvu qu'il n'y eût pas fraude.

(1) Fenet, t. 2, p. 545 et 570.

C. *Discussion au conseil d'État.*

Les observations du tribunal de cassation, en ce qui concerne les articles 43 (aujourd'hui 622) et 93 (aujourd'hui 788), sont adoptées sans qu'il y ait trace de discussion à ce sujet et le projet, présenté par le Conseil d'État, avec le mot *préjudice* au lieu du mot *fraude*, voté sans difficulté. Ces deux articles deviennent donc nos articles 622 et 788 (1).

Quant à l'article 1167, un premier projet est présenté par M. Bigot-Préameneu, dans la séance du 11 brumaire an XII ; il est ainsi conçu : Article 62 : « Ils peuvent aussi en leur nom personnel, attaquer tous actes faits par leur débiteur en fraude de leurs droits ;— » article 63 : « Lorsque le débiteur a renoncé à une succession, le créancier peut l'accepter du chef de son débiteur, le créancier peut aussi demander à son profit, l'exécution d'une donation que son débiteur aurait d'abord acceptée et à laquelle ce débiteur aurait ensuite renoncé ; dans l'un et l'autre cas, le créancier prend sur lui les risques et les charges du titre qu'il a accepté à la place du débiteur (2). » Puis un second projet est présenté à la séance du 11 frimaire an XII et l'article 63 ne s'y retrouve pas : cette seconde rédaction ne contient qu'un article 68, correspondant à l'article 62 du projet précédent, et qui n'est autre que notre article 1167 (3).

Avant d'aborder la discussion, j'écarte tout d'abord

(1) Locré, t. 8, p. 234 et 244 ; t. 10, p. 110 et 112.
(2) Locré, t. 12, p. 101 et 102.
(3) Locré, t. 12, p. 230.

l'article 2225 qui, je le démontrerai plus tard, est tout à fait spécial. J'ajoute que, dans cet exposé, il n'a pas été question de l'article 1053, parce que ni le projet de la commission de l'an VIII, ni celui du tribunal de cassation, n'admettaient les substitutions fidéicommissaires. Cet article, conçu d'ailleurs dans les mêmes termes que les articles 622 et 788, a été inséré dans le Code sur la demande du Tribunat, et n'a été l'objet d'aucune observation (1).

Je puis maintenant discuter la question qui a rendu nécessaire ces développements historiques : les créanciers qui demandent la révocation d'un acte à titre gratuit sont-ils obligés de prouver l'intention frauduleuse du débiteur?

Dans un premier système, la fraude n'est jamais exigée, *ex parte debitoris*, lorsqu'il s'agit de révoquer un acte à titre gratuit. La preuve du préjudice est suffisante (2). Cette théorie paraît, au premier abord, équitable. On comprendrait, en effet, un système qui préférerait au donataire les créanciers du donateur même de bonne foi, car, dans tous les cas, le donataire, *qui certat de lucro captando*, ne s'en enrichit pas moins aux dépens des créanciers du donateur, *qui certant de damno vitando*. Sans doute; mais un pareil système, contraire au droit romain et à notre ancien droit, serait le bouleversement de tous les principes; il appliquerait aux donations entre-vifs la règle : *Nemo liberalis nisi liberatus*, qui

(1) Locré, t. 11, p. 262 et 329.
(2) Duranton, t. 10, n° 578; Aubry et Rau, t. 4, p. 136.

n'est applicable qu'en matière de legs; il donnerait à des créanciers chirographaires une sorte de droit de suite sur des biens aliénés, et leur attribuerait plus de droits qu'à leur débiteur, dont ils sont pourtant ici les ayant cause, puisque le débiteur a agi sans fraude. Ce système, contraire aux principes généraux du droit, ne peut trouver un point d'appui ni dans l'article 1167 dont les termes sont généraux, ni dans les articles 622 et 788, 1053 et 2225 dont la rédaction et le sens sont assez douteux pour qu'il soit dangereux d'y voir la base d'une théorie. Enfin les partisans de ce système, pour mettre d'accord entre eux les articles 788 et 1464 qui, dans deux hypothèses absolument identiques, la renonciation à une succession et à la communauté, parlent, le premier de préjudice et le second de fraude, se bornent à dire que le mot fraude a été inséré par inadvertance dans l'article 1464. C'est là un procédé de discussion très-facile, mais peu juridique.

Dans un second système, moins radical que le premier, les donations ne sont révocables que pour cause de fraude du débiteur, mais il n'en est pas de même des simples renonciations. La preuve en est, dit-on, dans les articles 622 et 788 qui, s'occupant de simples renonciations, n'exigent pas d'autre condition que celle du préjudice. C'est sur les observations du tribunal de cassation et à dessein, peut-on ajouter, que le mot fraude a été remplacé, dans ces deux articles, par le mot préjudice. L'historique de ces articles vient donc fortifier le texte formel de la loi en ce sens. Il y a plus; on comprend aisément que la loi traite les simples renonciations tout autrement que les actes à titre gratuit. En effet, la renonciation profite bien aux personnes appelées à recueillir à défaut du renonçant, mais elle n'est pas faite dans le but de leur conférer un droit. Il est, dès lors, raisonnable que le profit qu'elles retirent ainsi accidentellement puisse leur être plus facilement enlevé, pour satisfaire les intérêts légitimes des créanciers, qu'il ne le serait si ce profit leur était directement conféré par un acte de donation (1).

Ce système ne me paraît pas satisfaisant. Je remarque d'abord que les partisans de cette opinion, pour faire cadrer l'article 1464 avec leur théorie, sont aussi obligés de corriger cet article où le mot fraude, disent-ils, a été inscrit par inadvertance. J'ai déjà fait justice d'un pareil argument. En outre je n'aperçois pas la raison de distinguer entre les simples renonciations et les donations proprement dites. Au point de vue de l'action Paulienne, la simple renonciation est même, envers les créanciers, un acte moins grave que la donation directe. Tandis que la donation diminue le patrimoine actuel du débiteur, en fait sortir une valeur ou un bien qui y était entré depuis longtemps peut-être, la simple renonciation semble plutôt empêcher son patrimoine de s'augmenter par des acquisitions nouvelles. Voilà

(1) Capmas, *De la révocation des actes faits par le débiteur en fraude des créanciers*, p. 30 et 31 ; Colmet de Santerre, V. 82 *bis*, 9 et 10.

pourquoi le droit romain n'accordait l'action Paulienne que contre les donations en la refusant contre les renonciations. Eh bien! le système proposé, prenant le contre-pied de la doctrine romaine, se montre plus facile à admettre l'action Paulienne contre les simples renonciations que contre les donations.

Du reste, les arguments de texte invoqués ne me paraissent pas probants. Oui, le mot fraude a été, sur les observations du Tribunal de cassation, remplacé par le mot préjudice, dans nos articles 622 et 788. Oui, au moment de la rédaction de ces dispositions, l'opinion du Tribunal de cassation pouvait avoir été, dans une certaine mesure, adoptée par les rédacteurs du Code; mais ils l'abandonnèrent certainement en posant les principes de la matière, lors de la rédaction de l'article 1167. Cette solution me paraît incontestable, en présence de l'historique de l'article 1167, dont j'ai parlé plus haut. On l'a vu, l'article 62 (aujourd'hui 1167) du projet du Tribunal de cassation contenait un second alinéa ainsi conçu: « Sont toujours réputés faits en fraude des créanciers les actes réprouvés par la loi concernant les faillites, ainsi que la renonciation faite par le débiteur à un titre lucratif, tel qu'une succession ou une donation. » Or cet alinéa n'a pas été reproduit dans la rédaction définitive du Code. Cette suppression montre bien que le législateur a entendu suivre les anciens principes et n'admettre l'action révocatoire que contre les actes frauduleux. Ce qui confirme cette interprétation, c'est que, dans le seul article relatif, à la matière, qui vienne après l'article 1167, dans l'article 1464, ce n'est plus du préjudice qu'il s'agit, c'est de la fraude, et cependant il n'y a aucun motif de distinguer entre la renonciation à la communauté et à une succession. Cet argument a une portée d'autant plus grande que Pothier, guide habituel des rédacteurs du Code, ne distinguait pas. Ainsi, jusqu'à la rédaction de l'article 1167, le Conseil d'État n'avait pas d'idées bien nettes sur la question; lors de la rédaction de l'article 1167, il a pris un parti, celui d'exiger la fraude sans distinction et pour tous les actes sujets à l'action Paulienne : une fois ce parti pris, il ne s'en est plus écarté; en conséquence, les articles 1167 et 1464 donnent seuls la véritable pensée de la loi. Je le répète, la suppression de cet article du projet du Tribunal de cassation me paraît fournir un argument topique. On a cependant cherché à y répondre. Si, dit-on, l'article 62 du projet du Tribunal de cassation a été rejeté dans une certaine mesure, c'est qu'il était en partie inutile, notamment la disposition du projet relative à la renonciation à un titre lucratif, faisait double emploi avec l'article 788. Point du tout : les rédacteurs du Code posaient dans l'article 1167 une règle générale. S'ils avaient entendu soustraire à son application une classe d'actes aussi importante que les renonciations, leur devoir était de s'en expliquer clairement à cet endroit même. Un simple mot inséré au milieu de l'article 788, et dont le sens est ambigu, ne leur aurait pas paru suffisant pour servir de base à une exception aussi large qui les mettait en contradiction avec Pothier, leur guide habituel (1).

La démonstration qui précède m'amène à conclure que l'action Paulienne n'est admissible, soit contre les donations directes, soit contre les simples renonciations *in favorem*, qu'autant qu'il y a eu fraude de la part du débiteur qui les a consenties. Ce système me paraît avoir pour lui l'opinion de Pothier (2), le texte de la loi sainement entendu, et résulter aussi de l'historique de sa rédaction. Le texte des articles 622 et 788 aurait dû, je le reconnais, être corrigé, mais, dit excellemment M. Larombière, « la lettre de ces dispositions n'est pas tellement explicite, ni leur texte tellement clair, qu'ils puissent par eux-mêmes donner raison de l'économie de la loi. L'interprétation est donc indispensable, et il ne faut pas oublier qu'elle doit se faire dans l'intérêt de la plus grande unité de principe. » Le système que j'adopte me paraît présenter tous ces avantages.

M. Capmas a proposé sur cette question une opinion toute personnelle (3). Elle consiste à appliquer à la lettre les différents textes sur lesquels roule la

(1) Toullier, t. 6, p. 348 à 354; Grenier, *Des donations*, t. 1, p. 93; Proudhon, *De l'usufruit*, V. 2353 à 2356; Marcadé, sur l'article 1167, n° 2; Larombière, art 1167, n° 14; Demolombe, t. 25, n° 191 à 195; 15 mars 1859, Req. rej., S., 59, 1, 506.

(2) *Traité des obligations*, n° 153.

(3) P. 33-41.

discussion ; là où le législateur a dit préjudice, c'est-à-dire dans les articles 622 et 788, il suffira aux créanciers de prouver le préjudice pour obtenir la révocation ; là où le législateur a dit fraude, c'est-à-dire dans l'article 1464, il faudra qu'ils prouvent que leur débiteur a voulu les tromper. Ce système a pour lui le texte de la loi, mais c'est là son seul fondement. Les travaux préparatoires du Code lui font défaut et son auteur paraît embarrassé pour le justifier. Pourquoi la fraude serait-elle nécessaire quand il s'agit de la renonciation à une communauté, tandis que le simple préjudice suffirait à ouvrir l'action Paulienne contre la renonciation à une succession ? Un pareil système donnerait naissance à une contradiction vraiment inadmissible.

Enfin, un dernier système ne diffère du précédent que par l'explication qu'il donne de l'article 1053. Il se fonde sur le texte de cet article pour dire que la condition du préjudice est seule nécessaire pour permettre aux créanciers d'attaquer l'abandon anticipé fait par leur débiteur des biens compris dans une substitution permise. Dans ce sens on rappelle la disposition de l'ordonnance de 1747, dont l'esprit paraît avoir passé dans l'article 1053 et qui déclarait formellement le préjudice, sans la fraude, suffisant pour légitimer la prétention des créanciers. Ce système est soutenable ; je crois cependant plus juridique d'étendre même à cette hypothèse notre principe général. Si l'on admet que lors de la rédaction de l'article 1167, le législateur a posé la règle fondamentale, il n'y a pas lieu de limiter cette règle, quand le législateur n'a pas fait de réserve. L'abandon anticipé fait par le grevé est une renonciation comme les autres, qu'il serait illogique de traiter différemment. Dans le doute, mieux vaut mettre l'article 1053 en harmonie avec la doctrine que j'ai adoptée sur les renonciations. C'était, du reste, le sentiment de Pothier (1).

En ce qui concerne les tiers, la fraude est-elle toujours requise, comme elle l'est en ce qui touche le débiteur? Il faut ici distinguer les actes à titre gratuit et les actes à titre onéreux. S'agit-il d'actes à titre gratuit, l'action Paulienne est donnée contre le donataire même de bonne foi ; s'agit-il d'actes à titre onéreux, elle est donnée seulement contre l'acquéreur complice de la fraude, c'est-à-dire qui, au moment du contrat, connaissait l'insolvabilité du débiteur. C'est une doctrine traditionnelle qui nous vient du droit romain (2) et qui est conforme à l'équité. Le donataire *certat de lucro captando ;* il doit donc être sacrifié au créancier qui *certat de damno vitando ;* l'acquéreur à titre onéreux, au contraire, *certat de damno vitando*, comme les créanciers et, par conséquent, il n'y a pas de raison pour les lui préférer, quand il est de bonne foi. Il n'est pas d'ailleurs sans intérêt de distinguer le donataire de bonne foi et le donataire de mauvaise foi ; car le

(1) *Traité des substitutions.*
(2) L. 6, § 8, D., *Quæ in fraud. cred.*

premier n'est tenu que *quatenus locupletior factus est*, le second est tenu de tout ce qu'il a reçu (1).

Et maintenant quelle est la situation des sous-acquéreurs? L'action Paulienne ne serait admissible contre le nouvel acquéreur qu'autant qu'elle l'eût été contre son auteur. Il est, en effet, évident que du moment où des biens sont sortis du patrimoine du débiteur, en vertu d'un acte non sujet à révocation contre celui qui les a acquis, le droit de gage des créanciers se trouve définitivement éteint, et qu'il ne saurait revivre après coup, par l'effet d'un second acte, qui ne réagit nullement sur la validité du premier. Si cependant la fraude avait été, dès le principe, concertée entre le débiteur et le sous-acquéreur, et que la première aliénation n'eût été qu'un moyen de mieux la couvrir, l'action Paulienne pourrait être utilement intentée contre ce dernier.

Quid juris si l'action Paulienne est admissible contre le premier acquéreur? On pourrait soutenir qu'à l'exemple des actions en nullité ou en rescision, fondées sur le dol ou la lésion, l'action Paulienne doit réfléchir, dans ce cas, contre les sous-acquéreurs, sans distinguer s'ils sont de bonne ou de mauvaise foi, s'ils ont acquis à titre onéreux ou gratuit, et ce, en vertu de la maxime: *Nemo plus juris in alium transferre potest quam ipse habet*. Mais l'assimilation que l'on voudrait établir entre l'action Paulienne et les actions en nullité ou en rescision, au point de

(1) L. 6, § 11, D., *Quæ in fraud. cred.*

vue de leurs conséquences, à l'égard des sous-acquéreurs, manquerait de base. L'action Paulienne n'est, en effet, ni une action en nullité, ni une action en rescision dans le sens propre du mot. La maxime *nemo plus juris*, etc., n'a rien à faire ici. En effet, l'action Paulienne n'impugne pas en lui-même et dans son essence l'acte contre lequel elle est dirigée. A vrai dire, la première acquisition est accomplie irrévocablement, malgré la fraude; seulement la loi donne aux créanciers une action personnelle, basée sur la fraude de l'acquéreur, pour obtenir réparation du préjudice. Elle ne réfléchit donc pas de sa nature contre les sous-acquéreurs, et elle ne peut être directement admise contre eux qu'autant qu'ils ont personnellement participé à la fraude, ou qu'en leur qualité d'acquéreurs à titre gratuit ils se trouvent soumis à l'application du principe que nul ne doit s'enrichir aux dépens d'autrui (1).

On l'a vu, il y a lieu d'exiger pour l'exercice de l'action Paulienne la complicité de l'acquéreur à titre onéreux; celle de l'acquéreur à titre gratuit, au contraire, n'est pas nécessaire. Mais parmi les actes nombreux qui forment le domaine des conventions, il en est qui ne peuvent se classer exactement dans l'une de ces deux catégories. Il est né-

(1) Proudhon, V, 2412; Duranton, t. 10, p. 582 et 583; Capmas, n° 74; Larombière, t. 1, art. 1167, n° 46; Marcadé, sur l'art. 1167, n° 14; Colmet de Santerre, V. 82 *bis*, 12; Demolombe, t. 25, n° 200; Aubry et Rau, t. 4, p. 138, note 24; Req, rej., 6 juin 1849, S., 49, 1, 481 et 487; Civ. rej., 2 fév. 1852, S., 52, 1, 234.

cessaire de passer en revue quelques hypothèses douteuses.

§ 1. *Constitution de dot.*

La constitution de dot est-elle, au point de vue de l'action Paulienne, un acte à titre gratuit ou à titre onéreux?

Premier système. — La constitution de dot est un acte à titre gratuit pour le mari comme pour la femme. Par suite la complicité du mari ni celle de la femme n'est exigée pour le succès de l'action Paulienne. En effet, dit-on, dans ce système, les époux reçoivent la dot sans bourse délier; ils ne fournissent au constituant aucune prestation, aucun équivalent pécuniaire; ce sont de véritables donataires. Les charges imposées aux deux époux découlent du mariage et ne sont pas inhérentes à la constitution de dot; elles ne peuvent donc modifier le caractère essentiellement gratuit de cet acte. Du reste s'il est vrai que les charges, que le mariage fait peser sur le mari, peuvent, à son égard, changer le caractère de la donation et en faire un acte à titre onéreux, on ne voit pas pourquoi la loi serait plus rigoureuse pour la femme qui a les mêmes charges à supporter. Quant à l'obligation de garantie dont est tenu le constituant, elle n'est pas de l'essence des contrats à titre onéreux, et de même qu'ils peuvent exister sans elle, elle peut exister sans eux. Ainsi un vendeur est libre d'introduire dans son contrat la clause de non-garantie avec l'assentiment de l'acheteur et, en sens inverse, un donateur peut s'engager à garantir la libéralité qu'il a faite. La loi, par interprétation de la volonté du donateur, a protégé spécialement la constitution de dot, mais cela ne prouve pas que la constitution de dot ait un caractère onéreux.

Quant à l'argument tiré de l'immutabilité des conventions matrimoniales (art. 1395), c'est avec grande raison qu'il ne paraît pas sérieux aux partisans de ce premier système, bien qu'il ait été reproduit dans plusieurs arrêts par la Cour de cassation. Le principe déposé dans l'article 1395 signifie simplement que les époux ne peuvent pas eux-mêmes modifier leurs conventions matrimoniales. Mais ces conventions peuvent être atteintes et modifiées par des événements indépendants de la volonté des époux. Enfin on argumente, dans cette première opinion, des articles 842, 1573, 920, 954, 960 qui soumettent la dot au rapport, à la réduction, à la révocation pour cause de survenance d'enfants (1).

Ce premier système me paraît pécher par la base en ne distinguant pas dans la constitution de dot deux faits pourtant bien distincts : la donation nuptiale faite par le constituant à la femme et l'apport fait par la femme au mari. J'insisterai sur cette idée en prenant parti dans la question.

Deuxième système. — La dot est un titre onéreux

(1) Krug-Basse, *Revue critique*, t. 14, p. 257; Duranton, t. 10, p. 579; Montpellier, 6 août 1842, S., 42, 2, 518; Rennes, 10 juill. 1845, S , 45, 2, 373.

à l'égard des deux époux. Dès lors la femme, pas plus que le mari, ne peut être poursuivie, si ce n'est à la condition d'être complice. C'est l'opinion presque unanimement suivie en jurisprudence (1). Elle s'appuie sur les lois 14 et 25, § 1er, D., *Quæ in fraud. cred.* Le mariage, ajoute-t-on, entraîne des charges, et c'est à cause de ces charges que la loi a établi ici l'obligation de garantie, qui est un des caractères essentiels des contrats à titre onéreux. Comme les acquéreurs à titre onéreux, les époux dotés *certant de damno vitando*, car, privés de la dot, ils ne pourraient plus supporter les charges du mariage; on doit donc les traiter comme des acquéreurs à titre onéreux et exiger leur complicité pour le succès de l'action Paulienne. Tout système qui permettrait d'atteindre la femme, malgré sa bonne foi, aboutirait à une iniquité, puisque la femme, éventuellement du moins, peut être tenue de supporter les charges du mariage, comme le mari avait à les supporter pendant le mariage. Si l'on oppose à cette théorie l'iniquité qu'il y a à sacrifier les créanciers pour enrichir les époux, elle répond qu'il serait tout aussi injuste de réduire les époux à la misère dans l'intérêt des créanciers imprudents. Je réfuterai ces arguments en présentant le troisième système.

Troisième système. — La constitution de dot est un acte à titre gratuit pour la femme, à titre onéreux

(1) Civ. cass., 2 mars 1847, S., 47, 1, 186; Bourges, 9 août 1847, S., 47, 2, 485; Civ. cass., 14 mars 1848, S., 48, 1, 437; Grenoble, 3 août 1853, S., 54, 2, 449.

pour le mari. Ce système me paraît le meilleur. Voilà mes raisons : J'écarte d'abord, et pour n'y plus revenir, les arguments qu'on pourrait tirer du droit romain. Nous l'avons vu, cette question était controversée par les jurisconsultes romains eux-mêmes. Ils sont arrivés, je crois, à n'admettre l'action Paulienne contre la femme que dans le cas où elle aurait été elle-même complice de la fraude; mais enfin cette solution n'avait pas été universellement acceptée par les Romains et, de nos jours encore, d'illustres jurisconsultes (1) donnent aux lois romaines, sur ce point, un sens tout différent. Laissons donc de côté les arguments tirés du droit romain; ce serait là une base trop fragile pour édifier un système.

Mais je puis invoquer en ma faveur un passage de Dumoulin qui me paraît topique : « *Respectu vero mariti cui dos datur, non dicitur proprie donatio, sed dotatio et titulus onerosus etiam si dos detur ab extraneo, qui dotare non tenetur. Quamvis enim iste vere donet, respectu mulieris, tamen dando marito nihil proprie donat marito; non enim dat ut sit patrimonium viro sed mulieri* (2). » J'ajoute que les principes généraux du droit me paraissent commander cette solution. La femme reçoit gratuitement et spontanément : gratuitement, puisque le constituant donne sans équivalent; spontanément, car

(1) Larombière, sur l'art. 1167, t. 1, p. 739, n° 34; Aubry et Rau, t. 4, p. 139, note 27.

(2) *Tract. de donat. in contr. matrim. fact.*, n° 68.

il n'est pas, comme en droit romain, obligé de doter (art. 204 C. civ.). Donc elle reçoit à titre de donation, la gratuité et la spontanéité étant les caractères essentiels d'une donation. Le mari, au contraire, reçoit à titre onéreux. Qu'est-ce, en effet, qu'un contrat à titre onéreux? C'est, aux termes de l'article 1104, celui qui assujettit chacune des parties à donner ou à faire quelque chose. Or, aux termes de l'article 1540, la dot est le bien que la femme apporte au mari pour subvenir aux charges du mariage. Donc la constitution de dot présente au premier chef le caractère essentiellement constitutif du contrat onéreux : d'une part, l'obligation de la femme envers le mari de faire l'apport dotal, et, d'autre part, l'obligation du mari envers la femme de supporter avec cet apport les charges du mariage. L'opération est simple, il est vrai, quand la femme se dote elle-même, tandis qu'elle est complexe quand la constitution est faite par un tiers, mais, dans les deux cas, le mari reçoit de la femme. En effet, lorsque la constitution émane d'un tiers, il y a d'abord une donation nuptiale faite à la femme par le constituant et ensuite une constitution dotale faite par la femme au mari. Mais entre le mari et la femme le résultat est toujours le même.

Ces arguments, qui découlent des principes généraux du droit, n'ont pas été réfutés par les adversaires du système que je propose, mais ils en invoquent d'autres en leur faveur. Les articles 1440 et 1547, dit-on, soumettent le constituant à la garantie de la dot tant à l'égard de la femme qu'à l'égard du mari ; la constitution dotale présente donc tout aussi bien quant à la première que quant au second le caractère d'acte à titre onéreux. Je réponds. Si la garantie n'a pas lieu de plein droit en matière de dispositions à titre gratuit, rien n'empêche que le donateur ne s'y soumette expressément, sans que pour cela la donation se transforme en un contrat à titre onéreux. Et, à l'inverse, le constituant pourrait évidemment se soustraire, par une clause de non-garantie, à l'application des articles 1440 et 1547. On ne saurait donc attribuer à la garantie tacite qui découle de ces articles plus d'effet que n'en produirait une clause expresse de garantie. On argumente aussi contre moi du deuxième alinéa de l'article 1167 et du principe de l'immutabilité des conventions matrimoniales. Mais ces deux arguments me paraissent peu sérieux. Le deuxième alinéa de l'article 1167, qui ne se réfère qu'aux articles 882 et 1447, est évidemment étranger à l'action Paulienne dirigée contre la constitution dotale. Quant au principe de l'immutabilité des conventions matrimoniales, il ne signifie autre chose, si ce n'est que les époux ne peuvent modifier ces conventions après la célébration du mariage, et n'a nullement pour objet de restreindre le droit des tiers. Ce qui le prouve sans réplique, c'est que les donations faites par contrat de mariage sont, comme toutes les autres, révocables pour cause de survenance d'enfants et réductibles en cas d'excès de la quotité disponible.

L'article 959 dispose, il est vrai, que les donations en faveur du mariage ne sont pas révocables pour cause d'ingratitude, mais c'est par un motif spécial, pour ne pas punir l'époux innocent et les enfants pour l'ingratitude de l'époux donataire, seul coupable. J'ajoute que la conséquence de l'article 959 est précisément que la donation en faveur du mariage est, par cela même, une donation plus stable que toute autre, et que loin de constituer un titre onéreux à l'égard de la femme, elle n'en constitue que de plus en plus un titre lucratif. Enfin, dit-on, la constitution de dot revêt, même à l'égard de la femme, le caractère d'acte à titre onéreux, puisqu'elle se soumet, en se mariant, à des obligations, à des charges qui lui seront communes avec son mari, et qu'elle pourra même être tenue de supporter seule en cas de décès du mari ou de séparation de biens. Oui, sans doute, la femme se soumet éventuellement à des charges, mais ces charges ne sauraient dénaturer entre le constituant et la femme le caractère de la constitution dotale et la transformer en un contrat à titre onéreux. Quel est, en effet, le caractère essentiel d'un contrat à titre onéreux? C'est qu'il est commutatif, c'est-à-dire qu'il est intéressé de part et d'autre, qu'il a lieu, selon l'expression de Pothier, pour l'utilité réciproque des deux parties. Or ce n'est pas envers le constituant que la femme prend l'obligation de supporter, s'il y a lieu, les charges du mariage. C'est une obligation qui résulte du mariage et qui n'est pas inhérente à la constitution dotale, puisque ces mêmes charges existent alors même qu'il n'y aurait pas de dot ou que la dot serait enlevée à la femme en totalité ou en partie par un rapport ou une action en réduction, et qui surtout n'est pas contractée envers le constituant et ne lui profite pas (1).

J'ai répondu aux objections. J'ajoute que le système, adopté par la jurisprudence, est d'autant plus dangereux qu'il sera presque toujours très-difficile, pour ne pas dire impossible, de prouver contre la femme qu'elle s'est rendue complice de la fraude du constituant. L'intérêt des créanciers sera ainsi sacrifié sans pitié. Un homme insolvable et de mauvaise foi pourra ainsi dépouiller ses créanciers de leur gage légitime en dotant richement sa fille et même son fils, et profiter lui-même au grand jour de cette spoliation en se contentant de répondre que la jeune fille qu'il a mariée n'a pas été complice de sa fraude. Au point de vue de l'équité, une pareille solution est insoutenable.

§ 2. *Donation* propter nuptias *faite au mari.*

Dans cette hypothèse, dit excellemment M. Larombière (2), il n'importe que la femme ait été person-

(1) Merlin, *Répertoire*, v° *Dot*, § 15, n° 4; Rolland de Villargues, *Répertoire du notariat*, v° *Fraude*, n° 21; Duranton, t. 10, p. 579; Troplong, *Du contrat de mariage*, t. 1, p. 131; Larombière, t. 1, art. 1167, n° 34; Demolombe, t. 25, p. 211; Aubry et Rau, t. 4, p. 138, note 25; Req. rej., 18 nov. 1861, S., 62, 1, 737.

(2) Larombière, sur l'art. 1167, t. 1, p. 742, n° 34.

nellement de bonne foi. Les créanciers pourront toujours agir et exécuter contre le mari donataire qui, en sa qualité de chef de la société conjugale, ne fait que perdre par la révocation de la donation à lui faite des droits qu'il était le maître d'aliéner et de dissiper, au préjudice du ménage commun. Étant sans droit sur les biens compris dans la donation faite à son mari, la femme ne peut, à la différence de ce dernier, invoquer sa bonne foi personnelle, comme faisant obstacle à l'exercice de l'action révocatoire. Mais la révocation ne peut se faire au préjudice de l'hypothèque qu'elle a sur les choses données. La raison en est que cette affectation hypothécaire est pour elle un contrat à titre onéreux, comme elle le serait pour celui qui aurait prêté au donataire, sous la condition d'une semblable affectation grevant les biens compris dans la donation prétendue frauduleuse, pourvu qu'il fût de bonne foi.

Quant aux donations entre époux faites, soit par contrat de mariage, soit pendant le mariage, il n'y a pas de raison pour ne pas les considérer comme des actes à titre gratuit, fussent-elles réciproques et mutuelles, car cette circonstance ne change pas la nature de l'acte.

§ 3. *Renonciation à la prescription.*

L'article 2225 est ainsi conçu : « Les créanciers ou toute autre personne ayant intérêt à ce que la prescription soit acquise peuvent l'opposer, encore que le débiteur ou le propriétaire y renonce. » Quel est le sens de cette disposition? C'est une thèse très-controversée et sur laquelle trois systèmes principaux se sont produits.

Premier système. — Des auteurs pensent que l'article 2225 n'est qu'une application de l'article 1166. Si le débiteur, disent-ils, n'a pas opposé la prescription, sans y avoir cependant renoncé, les créanciers peuvent l'invoquer en son nom; mais s'il y a renoncé, ils ne peuvent pas s'en prévaloir, l'article 2225 ne prévoit pas cette hypothèse. L'action Paulienne, ajoute-t-on, n'est donnée que contre les actes frauduleux; or, comment voir une fraude dans la conduite du débiteur qui rejette un moyen de défense qu'il croit illégitime? Il refuse de s'enrichir aux dépens d'autrui. Enfin l'article 2225 parle au présent, il suppose que la renonciation n'est pas encore consommée; il ne faut donc voir dans notre disposition qu'un renvoi à l'article 1166 et non à l'article 1167 (1).

Cette opinion est à peu près abandonnée aujourd'hui. En effet si la fraude, ce qui est fort douteux, est ici nécessaire pour l'exercice de l'action Paulienne, il s'ensuivrait simplement que le débiteur devrait avoir, au moment de la renonciation, connaissance de son insolvabilité. C'est aussi méconnaître le sens littéral de ces mots de l'article 2225 « encore que le débiteur ou le propriétaire y renonce », que de vouloir les entendre d'une renon-

(1) Vazeille, *Prescription*, t. 1, p. 352; Dalloz, p. 243; Nancy, 25 août 1829; Bordeaux, 21 mars 1846.

ciation qui n'est pas encore accomplie, et Marcadé a pu dire fort justement qu'il est par trop libre de traduire ces mots : un débiteur qui renonce, par ceux-ci : un débiteur qui ne renonce pas. L'article 2225 a évidemment en vue un débiteur qui est renonçant. La preuve en est dans l'article 788, où la même formule, appliquée à celui qui renonce à une succession s'entend, de l'aveu de tous, d'une renonciation qui est accomplie. Enfin le système que je combats prive les créanciers d'un moyen de neutraliser la fraude de leur débiteur; il viole la corrélation intime qui existe entre les articles 1166 et 1167. Dès lors, en effet, qu'un droit peut être exercé en vertu de l'article 1166, ce droit, s'il est frauduleusement aliéné, donne lieu à l'action révocatoire.

Deuxième système. — L'article 2225, dit-on, a été écrit pour dissiper les doutes qu'aurait pu faire naître cette considération que les renonciations à prescription sont le résultat d'une appréciation de conscience. On aurait pu en conclure que le droit d'invoquer une prescription était exclusivement attaché à la personne du débiteur. L'article 2225, disent les partisans de cette opinion, a été précisément écrit pour dissiper ce doute et bien établir que les renonciations à prescription sont soumises à l'application des articles 1166 et 1167. En un mot l'article 2225 ne serait qu'une application du droit commun. Ces arguments ont, je le reconnais, une grande force. Toutefois ils ne me semblent pas absolument topiques, comme je vais chercher à le démontrer en indiquant la troisième opinion que j'adopte.

Troisième système. — Les créanciers n'ont pas à prouver la fraude ; il leur suffira de prouver le préjudice. L'article 2225, sainement entendu, me paraît commander cette solution. Et d'abord le texte de la loi ne parle pas de la fraude ; il dit simplement les créanciers ou autres personnes y ayant intérêt. Donc un intérêt sérieux et légitime est suffisant pour motiver l'action. J'ajoute que le législateur devait ici protéger d'une façon toute spéciale le droit des créanciers, car on a plus lieu de craindre de la part du débiteur une renonciation à la prescription qu'une donation : *Lex arctius prohibet quod facilius fieri potest.* L'application du droit commun me paraît, du reste, présenter, dans notre hypothèse, des difficultés pratiques vraiment insurmontables. Il est, en effet, possible que le débiteur ait perdu le droit d'invoquer la prescription par négligence ou ignorance de sa part ou de celle de son avoué. Dans ce cas, il n'y aura pas de fraude, et les créanciers n'auront qu'à se taire. Il faudrait donc, dans le second système que je combats, arriver à une distinction qui sera en pratique plus que délicate, et qui est contraire à l'esprit de notre droit dont la tendance est de simplifier la matière des preuves. Le système que j'adopte évite cet embarras. Il y a plus : supposons que le débiteur qui n'a pas invoqué la prescription avait connaissance de ce moyen. Une autre question s'élève : a-t-il eu, en y renonçant, l'intention de frauder ses créanciers? C'est ici surtout qu'on propose aux magistrats un problème véritablement insoluble. Ce n'est pas tout. Supposons qu'il est établi que le débiteur a connu le moyen de la prescription et que c'est en fraude de ses créanciers qu'il y a renoncé ; dans quelle catégorie d'actes allons-nous ranger sa renonciation? Pothier (1) l'a qualifiée à tort, je crois, d'acte à titre gratuit. En effet, l'intention de gratifier, l'*animus donandi*, fait ici défaut, bien que cette renonciation enlève un droit du patrimoine sans compensation. Du reste, pour être conséquent, et personne n'est allé jusque-là, il faudrait appliquer aux renonciations les règles des donations sur le rapport, la réduction, la révocation. Mais pouvons-nous voir dans cette renonciation un acte à titre onéreux? Pas davantage, car la renonciation sera faite le plus souvent par un acte unilatéral qui rendrait impossible la complicité du tiers (2).

Enfin quelques personnes permettent aux créanciers d'attaquer la renonciation faite par leur débiteur à une prescription sans être tenus d'établir l'insolvabilité de ce dernier. Cette opinion me paraît de tous points inadmissible et contraire à cet axiome juridique : point d'intérêt, point d'action.

L'article 684 du Code de procédure civile est-il

(1) *Traité des obligations*, n° 699.

(2) Demolombe, t. 25, p. 219 et suiv., Mourlon, qui cite en ce sens l'opinion de M. Valette, et une savante dissertation de M. Rataud, publiée dans la *Revue pratique du droit français*, 1856, t. 1, p. 481.

une application du principe déposé dans l'article 1167, ou y apporte-t-il une dérogation? Voici cet article : « Les baux qui n'auront pas acquis date certaine avant le commandement (préalable à la saisie immobilière) pourront être annulés si les créanciers ou l'adjudicataire le demandent. »

« L'article 684, a dit M. Duvergier (1), ne parle que des baux qui n'ont pas acquis date certaine avant le commandement; il met donc à l'abri de la nullité dont il s'occupe les baux qui, avant le commandement, ont acquis date certaine. Comment dès lors admettre qu'il a en vue la nullité fondée sur la fraude? Celle-ci est toujours opposable, quelle que soit la date des actes, leur forme et les circonstances qui les accompagnent. Ne serait-il pas contraire à tous les principes que les créanciers ne pussent demander la nullité d'un bail par cela seul qu'il aurait été enregistré avant le commandement, quoiqu'il fût démontré frauduleux? Il ne faut pas confondre l'article 1167 du Code civil avec l'article 684 du Code de procédure. Le Code civil pose en règle générale la nullité de tous les actes faits en fraude des créanciers; le Code de procédure s'attache à un cas spécial; il prévoit l'hypothèse où le bail fait par un saisi n'a pas acquis date certaine avant le commandement, et il confère aux juges un pouvoir discrétionnaire pour prononcer la nullité, suivant les circonstances. »

(1) *Recueil des lois et avis du conseil d'État*, t. 4, p. 336 et suiv.

L'argument me paraît d'autant plus décisif que, dans le système adverse, l'article 684 du Code de procédure perd toute utilité. C'est la conclusion à laquelle est arrivée la jurisprudence (Cour de Nîmes, 4 mars 1850, S., 1850, 2, 452).

CHAPITRE III.

CARACTÈRES ET DURÉE DE L'ACTION PAULIENNE.

Quelle est la nature de l'action Paulienne? Est-elle réelle, personnelle ou mixte? La question ne peut sérieusement être discutée que quand il s'agit de faire révoquer une aliénation. Dans tous les autres cas, remise de dettes, création d'obligations, etc., l'action est bien évidemment personnelle; le doute ici ne se comprendrait pas.

La question est plus délicate quand on se trouve en présence d'une aliénation. Je suis pourtant convaincu que, même dans ce cas, l'action Paulienne est personnelle. Je remarque d'abord que l'action Paulienne est surtout une protection pour les créanciers chirographaires; son exercice ne suppose pas, en effet, qu'il y ait au profit des créanciers et sur le bien aliéné en fraude de leurs droits, aucun droit réel de privilége ou d'hypothèque. Le débiteur avait conservé son droit de libre disposition; aussi l'action Paulienne n'est-elle pas dirigée contre l'acte en lui-même, mais contre les complices du débiteur frauduleux; elle n'est pas l'exercice ni la sanction d'un droit de suite, c'est une action en indemnité. Le débiteur était libre d'aliéner, l'acquéreur libre d'acquérir, mais une fraude a été commise, et une action est donnée contre ceux qui y ont participé pour les contraindre à réparer le préjudice qu'ils ont sciemment fait à autrui.

L'action Paulienne est donc une action personnelle en indemnité et un remède subsidiaire accordé aux créanciers pour se faire payer de ce qui leur est dû. Elle est née d'un rapport obligatoire qui s'est formé entre l'acquéreur et les créanciers en fraude de qui l'aliénation a été faite, par suite d'un quasi-contrat, si c'est un acquéreur à titre gratuit de bonne foi, par suite d'un quasi délit, si c'est un acquéreur à titre onéreux ou gratuit, mais de mauvaise foi.

De cette définition résultent les conséquences suivantes : 1° Quand l'action Paulienne est dirigée contre un sous-acquéreur, elle est soumise aux mêmes conditions que s'il s'agissait d'un acquéreur en premier ordre. 2° Quand l'action Paulienne est intentée par les créanciers antérieurs à l'acte frauduleux, les seuls, en principe, qui puissent l'intenter, les créanciers postérieurs n'ont pas de part au bénéfice qui en résulte. 3° Si le défendeur à l'action Paulienne est insolvable, les créanciers du débiteur qui a frauduleusement aliéné sont tenus de subir le concours des propres créanciers de ce défendeur. 4° L'action Paulienne ne peut jamais être portée qu'au tribunal du domicile du défendeur (art. 59, C. pr. civ.). 5° L'action Paulienne n'est recevable que dans le cas où il s'agit pour les créanciers de faire revivre un droit dont l'exercice ne leur est pas interdit, comme étant exclusivement attaché à la personne du débiteur. 6° La révocation n'est jamais prononcée que dans l'intérêt des créanciers demandeurs et jusqu'à concurrence seulement du montant de leurs créances; entre les parties le contrat conserve tous ses effets. 7° Le défendeur à l'action Paulienne peut toujours écarter la condamnation qui le menace en désintéressant les créanciers.

Telle est l'opinion que suivent la plupart des auteurs (1). Elle n'est cependant pas incontestée et il s'en est produit deux autres. D'après l'une, que M. Zachariæ a émise sans la motiver, l'action Paulienne serait une action réelle ; « l'action révocatoire, dit cet auteur, est tantôt réelle, tantôt personnelle, suivant la nature du droit qu'elle a pour objet de faire rentrer ou réintégrer dans le patrimoine du débiteur (2). »

L'autre opinion en fait une action mixte. Les créanciers, en effet, dit-on, demandent la restitution de leur gage, en conséquence de l'annulation de l'acte frauduleux; ils poursuivent donc la chose en tant qu'il s'agit de sa restitution, et les personnes en tant qu'il s'agit de la révocation de l'acte (3).

Il me reste à réfuter ces deux opinions. Les mê-

(1) Duranton, t. 10, n°s 582 et 583; Capmas, n°s 33 et suiv.; Demolombe, t. 25, p. 147 et suiv.; Aubry et Rau, t. 4, p. 131.

(2) Zachariæ, 1re édit., t. 2, § 313, texte et note 25.

(3) Larombière, sur l'article 1167, p. 752, n° 45.

mes arguments me serviront à combattre l'une et l'autre; car si je démontre qu'il n'y a dans l'action Paulienne aucun élément réel, j'aurai par là même renversé l'opinion d'après laquelle elle serait mixte, c'est-à-dire à la fois réelle et personnelle.

On a invoqué, en faveur de la réalité de notre action, deux arguments principaux : 1° L'aliénation frauduleuse, dit-on, n'a pas pour effet de diminuer le patrimoine à l'égard des créanciers antérieurs. Pour eux, le bien aliéné est encore dans le patrimoine du débiteur. Cet effet n'est que relatif, il est vrai, mais il a lieu pour tous les créanciers antérieurs à l'acte frauduleux. L'élément réel existe donc. 2° L'action Paulienne est véritablement *in rem scripta*, puisqu'elle suit la chose et qu'elle tend directement à la reprendre entre les mains d'un tiers possesseur qui, personnellement, peut ne rien devoir au créancier qui agit. C'est ce qui avait lieu en droit romain. Le § 6 des Institutes, livre. 4, titre 6, dispose formellement que la tradition est rescindée et que les créanciers peuvent alors réclamer la chose. L'action du créancier obtient donc un effet semblable à celui de l'action réelle. Et l'on doit la considérer comme une revendication utile de la chose.

Ainsi, d'après les partisans de l'opinion que je combats, l'aliénation serait nulle et non avenue à l'égard des créanciers antérieurs à l'acte frauduleux. Je ne puis adopter cette manière de voir. Il me paraît évident, au contraire, que l'aliénation existe et produit ses effets *erga omnes*. J'en trouve la preuve daus l'article 1167 lui-même, dont le but est de faire révoquer les actes frauduleux. Ces actes ne sont donc pas, *à priori*, entachés de nullité. Si l'on a besoin de les faire révoquer, c'est qu'ils existent. Le motif invoqué pèche donc essentiellement par la base.

Est-il plus sérieux, pour établir la réalité de notre action, d'invoquer qu'elle suit la chose entre les mains d'un tiers possesseur, qu'aucun lien de droit n'unit au créancier demandeur, qu'ainsi cette action, d'après les termes mêmes de Proudhon, obtient un effet semblable à celui de l'action réelle? Assurément non. Comment, en effet, des créanciers chirographaires pourraient-ils avoir un droit de suite sur des biens sortis du patrimoine de leur débiteur? Les créanciers chirographaires n'ont, par eux-mêmes, aucun droit réel sur le patrimoine de leur débiteur, et ce n'est pas non plus le droit de leur débiteur que la loi peut leur conférer, puisque ce droit est aliéné. Ce qui prouve d'ailleurs surabondamment que l'action Paulienne n'est que la sanction d'un droit personnel et non d'un droit réel, c'est que les auteurs qui lui attribuent ce dernier caractère reconnaissent qu'il faut, pour qu'elle soit donnée, que l'acquéreur de la chose aliénée *in fraudem creditorum* soit un acquéreur à titre gratuit ou un acquéreur à titre onéreux de mauvaise foi. Cette décision me paraît inconciliable avec le caractère réel ou mixte qu'on prétend attribuer à l'action. Qu'en droit romain l'action Paulienne, même réelle, ne se donnât pas contre tout acquéreur sans distinction, on le comprend, car le préteur ne l'accordait qu'après une *restitutio in integrum*, c'est-à-dire *cognita causa*, et il trouvait dans ses pouvoirs sans contrôle le droit de la refuser, si les circonstances de la cause, telles que la bonne foi des tiers, lui paraissaient devoir l'écarter. Mais aujourd'hui si l'action Paulienne est réelle, il faut, de toute nécessité, la donner contre les acquéreurs quels qu'ils soient, et s'écarter ainsi, sans motif plausible, d'une théorie consacrée par la tradition comme par l'équité la plus stricte. Comment, en effet, justifier de pareilles distinctions dans la poursuite d'un droit réel? Le propre du droit de suite n'est-il pas d'atteindre la chose quel qu'en soit le possesseur? L'article 2114 du Code civil est formel sur ce point. A ce point de vue encore, la théorie que je combats n'est pas soutenable.

Du reste, si l'action Paulienne avait conservé ce caractère de réalité, il en serait parlé parmi les actions en rescision qui ont remplacé les *in integrum restitutiones*, et il n'y a dans le Code, à la section 7, livre 3, titre 3, aucune allusion à l'action Paulienne. Il faut donc reconnaître que les créanciers fraudés agissent par une action personnelle et viennent, par suite, en concours avec les créanciers de l'acquéreur en cas d'insolvabilité de ce dernier. Ils sont créanciers de l'acquéreur à raison de la fraude qu'il a commise, et s'ils peuvent saisir l'objet frauduleusement aliéné, c'est que par là ils réalisent leur droit de créance. Le bien est sorti *erga omnes* du patrimoine du débiteur, les créanciers peuvent donc rencontrer un obstacle légitime dans leurs poursuites, qui est le droit des autres créanciers de l'acquéreur. Il y aura alors un concours, et chacun n'obtiendra qu'un dividende.

Il faut soigneusement distinguer de l'action Paulienne l'action en déclaration de simulation. Je prends des espèces, pour bien faire saisir la différence : Je vends, par exemple, mon domaine moyennant 100,000 francs ; mais le prix de vente porté au contrat est de 80,000 francs. J'ai dissimulé 20,000 francs afin de les soustraire aux saisies-arrêts et autres poursuites que pourraient pratiquer mes créanciers. Voilà une dissimulation frauduleuse. Afin de soustraire mes biens aux poursuites de mes créanciers, je les vends ou donne ostensiblement ; puis entre mon acquéreur ou donataire ostensible et moi, intervient une contre-lettre qui annule la vente ou la donation. En réalité je n'ai rien donné ni vendu. Voilà une simulation. Il en est de même si je me reconnais débiteur d'une obligation éteinte en totalité ou en partie, ou si je donne quittance sans rien recevoir.

On le voit, par ces exemples, les actes entachés de simulation n'existent que de nom. Jamais ils ne seront mis à exécution. Ce sont de vaines apparences, des fantômes d'actes. Au contraire les actes frauduleux proprement dits, telles que les renonciations, les donations, les ventes que fait le débiteur, en aliénant réellement ses droits, dans l'intention frauduleuse de se rendre insolvable, sont destinés à recevoir une exécution réelle et complète. La différence entre les deux espèces particulières de fraude est donc manifeste.

De la nature toute particulière de la fraude commise par voie de simulation, on peut déduire plusieurs conséquences remarquables. Ainsi, l'antériorité des créances, qui est la condition nécessaire de l'action Paulienne, n'est pas exigée pour la simple action en déclaration de simulation. Car l'acte n'est qu'un mensonge, une apparence, une illusion; car la simulation que les créanciers dénoncent n'est pas seulement une fraude dans le passé, c'est une fraude dans le présent, une fraude actuelle et flagrante. Et ce qu'ils demandent ce n'est pas que l'on fasse rentrer dans le patrimoine de leur débiteur un bien qui en serait sorti antérieurement à la date de leurs créances; c'est que l'on déclare que ce bien y existait à cette date, et qu'il y existe encore aujourd'hui.

Il ne s'agit plus aussi de distinguer si l'acte est à titre gratuit ou onéreux, si le tiers contractant est ou non complice de la fraude ; car ces exceptions ne peuvent empêcher le retour à la vérité et à la réalité des choses. D'ailleurs tel est ici le caractère particulier de la fraude, qu'elle implique nécessairement la participation de toutes les parties contractantes. Il n'y a même pas à s'enquérir si, de la part du débiteur, le déguisement ou la simulation ont eu lieu dans une intention frauduleuse. Mais il faut remarquer que, dans ce cas, en l'absence de toute allégation de fraude, les créanciers n'agissent plus en leur nom personnel, mais qu'ils ne font qu'exercer les droits et actions de leurs débiteurs (Art. 1166).

Enfin, et c'est là aussi une conclusion généralement admise, les créanciers peuvent attaquer un acte entaché de simulation sans avoir besoin d'établir qu'il a rendu leur débiteur insolvable. Car toute la question se réduit à ceci : le bien vendu (en supposant une aliénation entachée de simulation) est-il toujours dans le patrimoine du débiteur? C'est le seul point en litige et si les juges répondent affirmativement, les créanciers ont conservé sur ce bien, comme sur tous les autres, leur droit de gage.

Durée de l'action Paulienne.

Le Code est muet sur cette question. Aussi plusieurs opinions ont-elles été émises.

Toullier pense que, dans le silence de la loi, les juges auront un pouvoir d'appréciation et pourront décider suivant les circonstances. Cette opinion est de tout point inadmissible en présence de l'article 2262, qui établit une prescription de trente ans pour toutes les actions tant réelles que personnelles. Elle est aussi tout à fait contraire à l'esprit du Code; il n'est pas dans les habitudes du législateur français de laisser un aussi grand pouvoir au juge, surtout en matière de prescription ; ce serait rendre la propriété incertaine, la faire varier au gré des tribunaux.

La deuxième opinion enseigne qu'il faut appliquer ici l'article 1304. La durée de l'action Paulienne serait donc de dix ans, qui commenceraient à courir du jour où les créanciers auraient découvert la fraude. On remarque, en ce sens, que les motifs qui ont dicté au législateur la prescription décennale de l'article 1304 s'appliquent dans toute leur force à l'action Paulienne à savoir : la crainte du dépérissement des preuves dans des affaires qui nécessitent presque toujours un examen de faits et des enquêtes. La présomption d'abandon résultant du silence gardé par la partie du jour où elle a su que l'action lui appartenait. La nécessité, enfin, dans l'intérêt public, comme dans l'intérêt privé, de ne pas laisser trop longtemps incertain le sort des conventions (1).

Je réponds que l'article 1304, a été écrit pour une hypothèse différente de la nôtre. Cet article, en effet, suppose que l'action en nullité est intentée par la personne même dont le consentement a été vicié ; la loi a diminué le temps de la prescription parcequ'il y a lieu de voir dans ce silence prolongé une ratification tacite. Dans notre cas, au contraire, l'action révocatoire est exercée par des personnes étrangères à l'acte ; elles l'auront presque toujours ignoré ou du moins elles n'en auront eu connaissance que longtemps après sa perfection ; le motif qui a dicté l'article 1304 n'existe donc plus et nous ne devons pas étendre cette disposition exceptionnelle. Du reste, je l'ai démontré précédemment, l'action Paulienne est une action personnelle en indemnité

(1) Duranton, t. 10, n° 505,

et, par suite, ne rentre pas dans la classe des actions en nullité ou rescision dont il est traité dans l'article 1304.

Disons donc que l'action Paulienne dure trente ans et que le délai commence à courir du jour où l'acte frauduleux a été fait (*Sic. Cass.*, 9 janvier 1865, Dev., 65, 1, 65), et cela sans distinguer si elle est intentée contre les ayant cause immédiats du débiteur *fraudator* ou contre les sous-acquéreurs. Les deux hypothèses doivent être assimilées et les articles 2265 et 2279 complétement écartés. Ces articles, en effet, consacrent une prescription acquisitive, prescription spéciale aux actions en revendication, et inapplicable, par conséquent, à l'action Paulienne, qui suppose toujours un rapport personnel d'obligation entre le créancier demandeur et le tiers défendeur.

CHAPITRE IV.

§ 1. QUI PEUT INTENTER L'ACTION PAULIENNE ?

L'action Paulienne peut être exercée par tous les créanciers fraudés, chirographaires ou hypothécaires. L'article 1167 est général, et les principes sur lesquels repose l'action Paulienne ne souffrent pas de distinctions. Du reste, l'aliénation de la chose hypothéquée peut être très-préjudiciable au créancier hypothécaire. Il peut, par exemple, avoir négligé de surenchérir sur l'offre du prix faite par le tiers détenteur, laissé l'hypothèque s'éteindre par la prescription. On comprend que dans tous ces cas, le créancier hypothécaire ait un intérêt à obtenir la révocation de l'acte fait à son préjudice. Sauf à examiner en fait, si les deux conditions de la fraude et du préjudice se rencontrent et ne se trouvent pas écartées précisément par les garanties dont le créancier demandeur est pourvu (1).

Les créanciers à terme ou conditionnels peuvent-ils exercer l'action Paulienne? Quant aux créanciers à terme, l'affirmative me semble hors de doute. On objectera peut-être que l'action révocatoire est un moyen extrême, qu'on ne l'accorde qu'après discussion des biens du débiteur, et que le créancier à terme ne peut faire cette discussion. Cette objection n'a pas grande force. Et d'abord si l'insolvabilité du débiteur est certaine, il a perdu le bénéfice du terme, pour avoir, par son fait, diminué les sûretés de ses créanciers (Code civil, art 1188). Le débiteur ne serait-il pas en faillite ou en déconfiture, je pense que même alors, le créancier à terme pourrait exercer l'action Paulienne sans attendre l'échéance. L'action Paulienne en effet, a pour cause la fraude pratiquée par le débiteur, cause absolument distincte de celle des titres de créances. Donc dès l'instant où la fraude est commise par le débiteur, l'action Paulienne qui est la défense du créancier contre cette

(1) Proudhon, *Usufruit*, V. n° 2369; Larombière, art. 1167, t. 1, p. 733, n° 23; Demolombe, t. 25, p. 230; Aubry et Rau, t. 4, p. 130; Req. rej., 2 août 1836, S. 36, 1, 657.

attaque doit s'ouvrir; elle ne peut être suspendue par aucun délai (1).

Quant aux créanciers conditionnels, la question est plus délicate. Ils peuvent, il est vrai, exercer des actes conservatoires, mais, dit M. Capmas, « quelque extension qu'on donne à ces termes, ils ne le seront jamais assez pour qu'on puisse les appliquer à l'action révocatoire, qui est éminemment un acte d'exécution (2) ».

L'objection est pressante, mais ne me paraît pas toutefois absolument vraie. Sans doute l'action Paulienne est en général une voie d'exécution, mais elle peut devenir une mesure conservatoire si on lui fait produire des effets différents de ceux qu'elle produit en thèse habituelle. Or c'est ce qui arrivera sur la poursuite des créanciers conditionnels. Les juges ne devront pas prononcer *hic et nunc* la révocation, mais réserver simplement le droit des créanciers pour l'hypothèse où la condition se réalisera, en leur donnant d'ailleurs les garanties qu'ils jugeront convenables à l'encontre des tiers. J'ajoute que si le créancier à terme peut intenter l'action Paulienne, le créancier conditionnel le peut, lui aussi. Tout créancier, en effet, quel qu'il soit, a le droit de se défendre aussitôt qu'il est attaqué frauduleusement par son débiteur. La fraude fait exception à toutes les règles : *fraus omnia corrumpit.*

(1) Larombière, art. 1167, t. 1, p. 764, n° 56; Demolombe t. 25, p. 232.
(2) Capmas, n°s 70-71.

Les créanciers antérieurs à l'acte frauduleux peuvent seuls l'attaquer, seuls ils peuvent se plaindre; les créanciers postérieurs n'ont jamais pu compter sur le bien aliéné qui ne se trouvait plus dans le patrimoine de leur débiteur lorsqu'ils ont contracté avec lui; le gage des créanciers porte bien sur la fortune actuelle et future, mais nullement sur la fortune passée; ils n'ont donc pas souffert de préjudice et ne peuvent agir. D'ailleurs, l'article 1053 qui n'est que l'application de l'article 1167 est formel sur ce point : parlant de la restitution anticipée d'une substitution, il dit que « cet abandon anticipé ne pourra préjudicier aux créanciers du grevé antérieurs à l'abandon. » Il n'y a aucune raison pour restreindre cette décision au cas de renonciation à une substitution; les motifs sont les mêmes. Telle est aussi la doctrine de la majorité des auteurs (1).

Il ne faut pas pourtant entendre cette règle d'une façon tout à fait absolue; peut-être y a-t-il eu concert frauduleux dans le but de nuire à des créanciers postérieurs, de les dépouiller d'une partie du gage sur lequel ils ont le droit de compter : si, par exemple, il s'agissait d'un bail fait pour de longues années dans le but de dépouiller à l'avance, pendant toute la durée du bail, les contractants ultérieurs de leurs droits sur la totalité ou la partie la plus claire de l'actif du locataire, au moyen de l'exagération du prix du loyer et de l'extension injuste du privilége

(1) Toullier, t. 6. n° 351; Delvincourt, t. 2, p. 526; Duranton, t. 10, p. 573; Marcadé, t. 4, n° 502; Capmas, n° 68.

du bailleur, dans ce cas, tous les créanciers auxquels cet acte causerait préjudice auraient droit, comme ils y auraient intérêt, à l'attaquer comme frauduleux, quelle que fût la date de leurs titres. Ne souffrent-ils pas en effet un préjudice? Ne sont ils pas victimes d'une fraude dirigée contre eux? Il serait injuste de leur refuser un pareil secours, et il serait contraire à l'esprit de notre loi d'appliquer les principes avec une rigueur aussi judaïque (1).

En droit romain, le jurisconsulte Paul enseignait que les créanciers postérieurs à l'acte frauduleux pouvaient aussi l'attaquer s'ils avaient été subrogés aux droits des créanciers antérieurs. (L. 15 et 16. D. *Quæ in fraud. cred.*) Cette solution est encore aujourd'hui certaine.

D'après l'article 1328, les actes sous seing privé n'acquièrent date certaine à l'égard des tiers, que par trois modes limitativement déterminés. Faut-il appliquer ici cette disposition? On a, dans le sens de l'affirmative, raisonné ainsi : L'acte sous seing privé n'a date certaine à l'égard des tiers que par son enregistrement, sa constatation dans un acte authentique, ou par le décès de l'un des signataires; or le défendeur à l'action Paulienne est un tiers par rapport au demandeur; donc le demandeur ne peut lui opposer qu'un titre ayant date certaine de l'une des manières précédemment indiquées (2).

(1) Cass,, 2 fév. 1852. S. 52, 1, 234.
(2) Comp. Serrigny, *Revue de droit français et étranger*, t. 3, p. 532.

MM. Aubry et Rau ont proposé une solution contraire. L'article 1328, disent-ils, dont l'unique objet est de garantir contre toute possibilité de fraude tentée à l'aide d'antidates les tiers, dont les titres ne sont pas d'ailleurs impugnés, est évidemment étranger à l'hypothèse dont il est ici question (1).

Enfin, deux éminents jurisconsultes, MM. Larombière et Demolombe (2), distinguent suivant que le défendeur a ou non participé à la fraude. Dans le second cas, ils appliquent l'article 1328, tandis qu'ils se refusent à l'appliquer dans le premier. Le motif qu'ils invoquent c'est que la fraude seule peut autoriser à écarter l'article 1328. La fraude fait exception aux règles ordinaires, et ceux qui s'en plaignent doivent être admis à la prouver par tous les moyens. Mais la fraude venant à manquer, il faut revenir à l'application des principes.

Je préfère cette opinion. La fraude seule me paraît autoriser une solution exceptionnelle du droit commun, d'autant plus qu'il y aurait dans cette matière, comme dans toute autre, de sérieux dangers à laisser au débiteur la possibilité de porter atteinte par des antidates aux droits qu'il aurait concédés.

A Rome, les créanciers n'exerçaient pas par eux-mêmes l'action Paulienne. Ils nommaient des cura-

(1) Aubry et Rau, t. 4, p. 133, notes 14 et 15, et les arrêts cités en ce sens par ces auteurs.

(2) Larombière, sur l'art. 1167. t. 1, p. 732, n° 22; Demolombe, t. 25, p. 236.

teurs qui étaient chargés de préparer les opérations de la vente et d'intenter l'action Paulienne, s'il y avait lieu. Il y a là une grande analogie avec ce qui se passe chez nous en matière de faillite. Les syndics jouent à peu près le même rôle que les *curatores* du droit romain.

Mais hors du droit commercial nous ne trouvons rien de semblable ; les créanciers agissent chacun séparément et en leur nom personnel. Ils intentent donc eux-mêmes, chacun en ce qui les concerne, l'action Paulienne et il faut leur appliquer la règle : *Res inter alios judicata aliis neque nocet neque prodest.*. Les juges qui ont déclaré aujourd'hui telle aliénation nulle à l'égard de Primus, peuvent demain la déclarer valable, à l'égard de Secundus, en alléguant que la fraude n'est pas prouvée. L'exemple sera rare dans la pratique, mais en théorie, les tribunaux restent absoluments libres.

§ 2. *Contre qui peut être intentée l'action Paulienne.*

Elle peut être intentée contre les personnes qui ont acquis à titre onéreux du débiteur, en participant à sa mauvaise foi. Elle peut l'être aussi contre les donataires, qu'ils aient été ou non complices de la fraude. Au second cas la condamnation est limitée *in id quod ad eos pervenit*. J'ai indiqué le motif de cette distinction, dans le second chapitre de ce travail, où je me suis aussi occupé des ayant cause à titre particulier du débiteur.

Que décider quant aux ayant cause universels ? En droit romain l'action Paulienne n'était donnée contre les héritiers que jusqu'à concurrence du profit qu'ils avaient retiré du dol de leur auteur. Chez nous il doit en être autrement. Les actions qui tendent à une réparation pécuniaire atteignent, en effet, sans restriction aucune, les héritiers de la personne coupable.

Les mineurs, capables d'intention frauduleuse, peuvent eux-mêmes se rendre complices de la fraude. Ils sont alors coupables d'un quasi-délit, contre lequel ils ne sont pas plus restituables que le majeur (art. 1310 Cod. civ.). L'action Paulienne est donc recevable contre eux.

Je remarque en terminant sur ce point, que le droit français, à la différence du droit romain, ne donne pas l'action Paulienne contre le débiteur lui-même ; mais il reste d'abord aux créanciers leur ancienne action, née du contrat ou du fait juridique quelconque en vertu duquel ils sont créanciers, et qu'ils exercent contre le débiteur redevenu solvable, et ensuite une action en dommages-intérêts, tendant à la réparation du préjudice qui leur a été causé. Mais ces deux actions ne présentent rien de particulier et sont régies par les principes du droit commun. Quant aux héritiers du débiteur, ils ne sont pas tenus plus que lui de l'action Paulienne, et peuvent seulement être poursuivis par l'action originaire qui appartenait aux créanciers (1).

(1) Troplong, *Traité du contrat de mariage*, t. 2, n° 1400 ;

CHAPITRE V.

DES EFFETS DE L'ACTION PAULIENNE.

J'étudierai dans ce chapitre les effets de l'action Paulienne : 1° dans les rapports du débiteur envers le tiers contre lequel l'action Paulienne a réussi ; 2° dans les rapports du créancier demandeur envers le tiers défendeur ; 3° dans les rapports des créanciers du débiteur *fraudator* les uns envers les autres.

§ 1. *Des effets de l'action Paulienne par rapport au débiteur.*

La révocation d'un acte frauduleux n'opère que d'une manière relative, et l'objet, dont l'aliénation est ainsi révoquée, ne rentre dans le patrimoine du débiteur qu'autant que cela est nécessaire pour le payement de ses créanciers.

On peut conclure de ce principe : 1° que si, après le payement des créanciers, qui ont exercé l'action Paulienne, il reste un excédant sur le prix de la chose aliénée, cet excédant ne revient pas au débiteur et demeure dans les mains du tiers ; 2° que le tiers acquéreur peut exercer contre le débiteur, redevenu solvable, une action en répétition de la somme qu'il a été forcé de payer à ses créanciers. La première de ces déductions est incontestable.

Rodière et Pont, *Traité du contrat de mariage*, t. 2, n° 854 ; Boitard et Colmet-Daage, *Leçons de procédure civile*, t. 2, n° 1113.

La seconde me paraît aussi fort exacte dans l'hypothèse d'un contrat à titre onéreux. De deux choses l'une en effet : ou le défendeur a désintéressé les créanciers pour éviter la révocation, et alors il a droit à la subrogation légale comme étant tenu pour d'autres au payement d'une dette qu'il avait intérêt à acquitter (art. 1251-3° Cod. civ.) et, à ce titre, il peut recourir contre son débiteur, à l'aide de l'action qui appartenait aux créanciers payés; on décidait déjà en ce sens en droit romain (L. 15, D., *quæ in fraud. cred.*); ou il s'est laissé condamner, et par là la révocation a eu lieu, mais d'une manière relative, dans l'intérêt des créanciers seulement et jusqu'à concurrence de leurs créances, et nullement dans l'intérêt du débiteur; dans les rapports du débiteur et de l'acquéreur l'acte continue à exister. J'accorderais donc à l'acquéreur une action en répétition ; autrement le débiteur de mauvaise foi s'enrichirait aux dépens de l'acquéreur. Quant aux dommages-intérêts, l'acquéreur ne me paraît y avoir aucun droit, car, lui aussi, était de mauvaise foi ; il a connu le danger qui naissait de la fraude et a payé en conséquence.

Mais doit-on décider de même et accorder au donataire, dépouillé par l'action Paulienne, un recours contre le donateur? Je ne le pense pas. C'est un principe vieux comme le droit romain que le donateur n'est pas tenu de l'obligation de garantie (L. 18, § 3, *de donationibus*). Objectera-t-on que le donateur est garant de son fait personnel? Oui, sans doute, d'un fait postérieur à la donation ; mais non pas d'un fait concomitant et contemporain de la donation et qui en est, pour ainsi dire, un des éléments constitutifs. Dans les conditions où elle a eu lieu et qui la constituent, la donation portait avec elle une chance d'annulation. Si cette chance se réalise, c'est la donation, comme elle a été faite, qui accomplit sa destinée. Le donataire ne peut agir en garantie, car ce serait prétendre qu'il a reçu une donation solide, inattaquable, tandis que le donateur a voulu faire tout simplement une donation menacée. La donation est tombée par sa propre nature.

Cette doctrine me paraît devoir être appliquée aux renonciations *in favorem*. Mes créanciers ont fait annuler comme frauduleuse la renonciation que j'ai faite à une succession, et ont été désintéressés sur la part qui devait me revenir. S'il reste un excédant d'actif on est généralement d'accord qu'il doit appartenir aux cohéritiers du renonçant ou aux héritiers du degré subséquent. Mais ces cohéritiers auront-ils un recours en répétition contre le renonçant, jusqu'à concurrence des sommes qui auront été employées à payer les créanciers ? Je ne le pense pas. Et d'abord quelle serait la base de l'obligation de garantie qu'on voudrait imposer au renonçant? Le renonçant n'a pris vis-à-vis de ses cohéritiers aucun engagement, et ce n'est pas par sa volonté ou par son fait que cette renonciation ne leur a point profité en tout ou en partie. C'est la loi elle-même qui a autorisé les créanciers à faire annuler contre eux cette renonciation. On a invoqué contre cette solution deux arguments principaux : 1° Aux termes de l'article 788, dit-on, la renonciation n'est pas annulée au profit de l'héritier qui a renoncé ; or, l'annulation, au contraire, lui profiterait s'il se trouvait libéré d'autant envers ses créanciers, sans être soumis à une action en répétition de la part des autres héritiers ; donc l'action en répétition doit appartenir à ceux-ci puisque finalement c'est avec leurs propres biens que les dettes du renonçant ont été acquittées, celui-ci étant réputé n'avoir jamais eu aucun droit sur les biens de la succession (art. 785). 2° S'il en était autrement, peut-on ajouter, le renonçant se trouverait être acceptant pour partie et renonçant pour partie dans le cas où ses droits héréditaires n'auraient pas été absorbés par ses créanciers ; or, un tel résultat violerait le principe de l'indivisibilité de la qualité d'héritier.

Je réponds : Cette interprétation donnée à l'article 788 est contraire à l'opinion professée par nos anciens auteurs (Comp. Pothier : *des Successions*, chap. III, sect. III, § 3) et au texte comme à l'esprit de la loi. L'article 788, en effet, déclare que la renonciation est annulée au profit des créanciers et jusqu'à concurrence de leurs créances ; il est vrai qu'il ajoute qu'elle ne l'est pas au profit de l'héritier qui a renoncé ; mais ces deux dispositions ne doivent pas être séparées l'une de l'autre, et la conséquence qui résulte de leur rapprochement est que la renonciation, dans cette mesure, est bien et dûment annulée et que si elle ne l'est pas au profit du renonçant, c'est en ce sens seulement qu'il est non recevable lui-même à réclamer le boni qui pourrait exister après le payement des créanciers. Enfin ce n'est pas avec plus de raison qu'on objecte que le renonçant se trouvera dans ce cas acceptant pour partie et renonçant pour partie, car c'est aussi la loi elle-même, qui, dans ce cas particulier, autorise cette exception à la règle générale (1).

§ 2. *Des effets de l'action Paulienne dans les rapports du créancier demandeur envers le tiers défendeur.*

Les juriconsultes romains faisaient, à cet égard, une distinction admise encore aujourd'hui. Ou il s'agit d'un tiers de mauvaise foi, acquéreur à titre onéreux ou donataire; ou il s'agit d'un tiers donataire de bonne foi. Dans le premier cas, le tiers est traité comme un possesseur de mauvaise foi; dans le second, au contraire, on applique les règles posées par la loi à l'égard du possesseur de bonne foi.

En conséquence le tiers de mauvaise foi est tenu de restituer les fruits perçus et ceux qu'il a négligé de percevoir; les dégradations et la perte ne préjudicieront aux créanciers que s'il y a un cas fortuit,

(1) En ce sens, Demolombe, t. 25, p. 267; Proudhon, *De l'usufruit*, t. 5, n° 2410; Ducaurroy, Bonnier et Roustaing, t. 2, n° 589; Demante, t. 3, n° 100 *bis*, 3; Marcadé, sur l'art. 788, n° 11; *Contra* : Toullier, t. 2, n° 349, note 1; Duranton, t. 6, n° 520 *bis*.

et s'il est prouvé contre eux que l'objet perdu ou détérioré aurait subi le même sort s'il était resté en la possession du débiteur. (Art. 1302.)

Il va de soi que le donataire complice de la fraude est placé dans une situation identique à celle de l'acquéreur à titre onéreux. Il est donc très-important de distinguer si le donataire est de bonne ou de mauvaise foi.

Si le défendeur est un tiers ayant traité à titre gratuit et de bonne foi, il ne restituera les fruits et les intérêts que du jour de la demande. (*L.* 10, § 20, *D.*, *Quæ in fraud. cred.*, art. 550 et 1378 du Code civil.) Les dégradations par lui commises ne seront pas à sa charge (argt. de l'art. 1379). De même la perte résultant de son fait.

Si le tiers acquéreur à titre onéreux et de mauvaise foi a payé son prix au débiteur, peut-il en demander la restitution aux créanciers? Il faut distinguer. Les deniers payés par l'acquéreur se retrouvent-ils en nature dans le patrimoine du débiteur, ils doivent être remboursés à l'acquéreur; le débiteur les a-t-il au contraire soustraits ou dissipés, la perte retombera sur l'acquéreur. C'est la décision du droit romain et elle me paraît devoir être suivie encore aujourd'hui, *quia ea actione nemo fraudetur* (1).

(1) LL. 7 et 8, D., *Quæ in fraud. cred.*; Demolombe, t. 25, p. 254 ; *Contra :* Larombière, t. 1, art. 1167, n° 58.

§ 3. *Des effets de l'action Paulienne dans les rapports des créanciers du débiteur* fraudator *les uns envers les autres.*

L'action Paulienne a été intentée à bon droit. Tous les créanciers peuvent-ils profiter des résultats ainsi obtenus et devons-nous distinguer entre les créanciers antérieurs et ceux postérieurs à l'acte attaqué? La question est vivement controversée.

Des auteurs d'un grand mérite repoussent toute distinction (1). Voici leurs arguments : La révocation de l'acte frauduleux fait rentrer, disent-ils, les biens qu'elle atteint dans le patrimoine du débiteur. Donc le prix doit s'en partager au marc le franc entre tous les créanciers, aux termes de l'article 2093 du Code civil, qui n'admet d'autre cause de préférence entre les créanciers que les priviléges et hypothèques.

Je n'admets pas cette opinion. L'action Paulienne, je l'ai démontré, n'est qu'une action en indemnité, en réparation d'un préjudice causé. L'indemnité ne peut donc appartenir ni profiter qu'à ceux qui ont subi le préjudice. Or les créanciers postérieurs n'ont subi aucun préjudice. Ils ne pouvaient en aucune façon compter sur un bien qui ne se trouvait plus dans le patrimoine de leur débiteur au moment où ils ont traité avec lui; à leur égard donc, aucune fraude n'a été commise. Ainsi, pour réparer un préjudice imaginaire, on enlève à d'autres l'indemnité qui leur est due. A quel résultat aboutirait une

(1) Duranton, t. 10, n° 594; Marcadé, art. 1167, n° 6; Colmet de Santerre, t. 5, n° 82 *bis*, 14 et 15.

pareille loi? A encourager la fraude qui resterait très-souvent impunie; les créanciers antérieurs, à qui seuls appartient le droit d'agir, se soucieraient fort peu, en effet, dans la plupart des cas, d'entreprendre une instance difficile et dangereuse pour arriver à un résultat à peu près nul; la victoire serait fort douteuse et toujours chèrement achetée; ils aimeraient mieux renoncer à un bénéfice minime et fort chanceux qu'intenter un procès qu'ils soutiendraient seuls et qui profiterait à tous. Une pareille législation serait donc fort singulière, elle serait de plus immorale dans ses résultats pratiques; on prétend néanmoins que les principes conduisent nécessairement à cette solution; l'aliénation étant rescindée, le bien, dit-on, est considéré comme faisant toujours partie du patrimoine et l'article 2093 est formel. Cette argumentation n'est, à mon avis, qu'une pure pétition de principe. Le bien aliéné, dit-on, rentre dans le patrimoine; il devient, dès lors, le gage commun de tous les créanciers, mais c'est là précisément qu'est la question; le bien rentre-t-il dans le patrimoine *erga omnes* ou seulement d'une façon relative? L'action Paulienne n'est pas une action en nullité, l'acte attaqué reste toujours debout; le débiteur avait droit de le faire; seulement le législateur ne veut pas laisser les créanciers sans ressources en présence de la fraude de leur débiteur, et il leur accorde une action personnelle, née de cette fraude, qui a pour but de paralyser à leur égard les effets de l'acte incriminé. Mais l'acte en lui-même est et reste valable à l'égard de toutes autres personnes. Voilà ce que je prétends en m'appuyant sur les motifs de l'action révocatoire et sur le texte même de la loi. Si l'acte, en effet, tombe *erga omnes*, si l'action Paulienne est une véritable action en nullité, le débiteur lui-même doit avoir le droit de s'en prévaloir et l'on ne peut plus comprendre l'article 788. « La renonciation n'est annulée que jusqu'à concurrence de ce qui est dû aux créanciers, » dit cet article. Il est bien difficile d'expliquer cette restriction dans le système que je combats. Le point de départ de ce système me semble donc faux; en conséquence je décide que les créanciers postérieurs à l'acte attaqué ne peuvent profiter de la révocation de cet acte, sous toutes réserves à l'égard des créanciers subrogés ou de ceux auxquels le débiteur avait l'intention de nuire par un acte anticipé.

Est-ce à dire que l'action révocatoire une fois admise, tous les créanciers antérieurs puissent s'en partager l'émolument sans avoir pris part à l'instance? Je ne crois pas que cette solution soit juste : « Le jugement qui a admis l'action Paulienne, disent MM. Aubry et Rau, à la demande de l'un ou de plusieurs créanciers, ne profite point à ceux qui n'y ont point figuré; ceux-ci n'ont le droit de l'invoquer ni vis-à-vis du tiers contre lequel la révocation a été prononcée, ni au regard du créancier qui l'a obtenue(1).» Cette solution me paraît absolument vraie.

(1) Aubry et Rau, t. 4, p. 141.

Il est en effet de principe incontesté que *res inter alios acta aliis nec nocet nec prodest*, que la chose jugée ne peut être invoquée que par ceux qui ont été parties au jugement, ou qui y ont été représentés. Or les créanciers qui n'ont pas intenté l'action Paulienne, n'ont pas été parties au jugement, et ils n'y ont pas été non plus représentés, car les créanciers ne se représentent pas les uns les autres en pareille matière. D'autre part, l'action Paulienne n'a pas pour effet de faire rentrer le bien aliéné dans le patrimoine du débiteur, mais seulement de rendre ce bien saisissable comme s'il n'était pas sorti de ce patrimoine, et cela d'une manière toute relative et dans l'intérêt seulement des créanciers qui demandent la révocation. J'ai remarqué déjà plusieurs fois que le bien aliéné ne rentre pas réellement dans le patrimoine du débiteur et que les effets de l'action Paulienne se restreignent à celui qui l'exerce. Cela étant, les créanciers qui n'ont pas agi ne peuvent invoquer, à l'égard du tiers acquéreur, les effets de la révocation obtenue par d'autres créanciers, car ce tiers peut toujours prétendre que l'acquisition existe, quant à eux, tant qu'ils n'ont pas démontré à leur tour qu'elle a été faite en fraude de leurs droits. Les créanciers qui n'ont pas figuré dans l'instance ne peuvent aussi invoquer le jugement contre ceux qui l'ont obtenu, car ceux-ci leur répondraient : C'est pour nous que nous avons agi, c'est à notre égard seulement que l'aliénation a été jugée frauduleuse, vous ne pouvez prétendre à concourir avec nous que si vous démontrez que l'aliénation a eu lieu en fraude de vos droits comme des nôtres. Les créanciers qui n'ont point agi n'ont donc qu'un moyen de concourir à la distribution du prix du bien aliené, c'est d'intenter à leur tour l'action Paulienne. Alors ils pourront se présenter à la distribution du prix de l'immeuble et y prendre part au marc le franc, car les premiers créanciers ne peuvent se faire une cause de préférence de ce qu'ils ont les premiers intenté l'action Paulienne; ou s'il n'est plus temps d'intervenir dans la procédure en contribution, se faire attribuer le reliquat disponible. D'ailleurs, par une juste réciprocité, le jugement qui repousse un créancier dans sa demande en révocation ne serait pas opposable aux autres créanciers, et ceux-ci n'en seraient pas moins admis à former la même demande.

Enfin si le défendeur à l'action Paulienne est insolvable, ses propres créanciers seront-ils admis à venir au marc le franc avec les créanciers du débiteur sur le produit de la vente du bien frauduleusement aliéné? Ayant admis que l'action Paulienne est toujours personnelle et ne tend qu'à la réparation d'un dommage, je dois décider que les créanciers demandeurs en révocation, sont créanciers de l'acquéreur au même titre que ses propres créanciers et que tous ces créanciers d'un même débiteur, doivent, par conséquent, concourir ensemble. En vain dirait-on que l'action Paulienne se donne contre tous ceux qui sont complices de près ou de loin de l'acte frauduleux ou seulement qui ont pu y trouver l'occasion d'un gain injuste; or il y aurait gain injuste de la part des créanciers de l'acquéreur insolvable s'ils se faisaient payer sur le prix d'un bien qu'ils savaient n'être entré dans le patrimoine de leur débiteur, qu'à la suite d'une fraude préjudiciable à d'autres créanciers; ils ne peuvent donc paralyser les effets d'une action qui retomberait sur eux-mêmes. Je réponds : Est-ce qu'il n'est pas possible que les créanciers de l'acquéreur ignorent la fraude qui a fait entrer dans le patrimoine de leur débiteur le bien sur le prix duquel ils se présentent? S'ils sont antérieurs à l'acquisition, y a-t-il quelque reproche à leur faire? Et s'ils sont postérieurs auront-ils toujours eu connaissance de la fraude? Tout ce que l'on pourrait admettre, en pareil cas, c'est que si les créanciers de l'acquéreur, dont le titre est posterieur à l'acquisition frauduleuse avaient eu, en fait, connaissance de la fraude, qui viciait cette acquisition, ils pourraient être traités comme des sous-acquéreurs de mauvaise foi et repoussés dans leur demande en collocation.

J'ai terminé l'exposition sommaire des principes du droit civil sur la matière de l'action Paulienne. Mais le Code de commerce a introduit, au cas de faillite, plusieurs dispositions exorbitantes dans l'intérêt de la masse des créanciers. Le commentaire de ces dispositions me conduirait trop loin et demanderait à lui seul une étude approfondie et spéciale. Je me bornerai à rapporter ici, sans commentaire, les textes des articles suivants :

Article 446. « Sont nuls et de nul effet, relativement à la masse, lorsqu'ils auront été faits par le débiteur, depuis l'époque déterminée par le tribunal, comme étant celle de la cessation des payements, ou dans les dix jours qui auront précédé cette époque : tous actes translatifs de propriétés mobilières ou immobilières à titre gratuit ; tous payements, soit en espèces, soit par transport, vente, compensation ou autrement, pour dettes non échues et pour dettes échues, tous payements faits autrement qu'en espèces ou effets de commerce. »

Article 447. « Tous autres payements faits par le débiteur pour dettes échues, et tous autres actes à titre onéreux par lui passés après la cessation de ses payements, et avant le jugement déclaratif de faillite, pourront être annulés si, de la part de ceux qui ont reçu du débiteur ou qui ont traité avec lui, ils ont eu lieu avec connaissance de la cessation de ses payements. »

Article 448. « Les droits d'hypothèque et de privilége, valablement acquis, pourront être inscrits jusqu'au jour du jugement déclaratif de faillite.

« Néanmoins les inscriptions prises après l'époque de la cessation des payements, ou dans les dix jours qui précèdent, pourront être déclarées nulles s'il s'est écoulé plus de quinze jours entre la date de l'acte constitutif de l'hypothèque ou du privilége et celle de l'inscription. Ce délai sera augmenté d'un jour à raison de cinq myriamètres de distance entre le lieu où le droit d'hypothèque aura été acquis et le lieu où l'inscription sera prise. »

Article 449. « Dans le cas où des lettres de change auraient été payées après l'époque fixée, comme étant celle de la cessation des payements et avant le jugement déclaratif de faillite, l'action en rapport ne pourra être intentée que contre celui pour compte duquel la lettre de change aura été fournie : s'il s'agit d'un billet à ordre, l'action ne pourra être exercée que contre le premier endosseur. Dans l'un et l'autre cas, la preuve que celui à qui on demande le rapport avait connaissance de la cessation des payements à l'époque de l'émission du titre devra être fournie. »

En rapprochant ces dispositions des règles du droit commun, on aperçoit que le Code de commerce déroge aux principes généraux en établissant, au cas de faillite, une présomption absolue de fraude contre des actes d'une certaine nature, et passés dans un certain temps, lesquels sont en conséquence frappés d'une nullité de plein droit. Telle est du moins l'idée génératrice de ces dispositions tout exceptionnelles.

PROPOSITIONS.

DROIT ROMAIN.

I. L'action Paulienne *in rem* est postérieure à l'action personnelle.

II. Le créancier qui est payé d'une dette échue, mais ne lui donnant droit qu'à un dividende après la *missio in possessionem*, n'est pas soumis à l'action Paulienne quand même le débiteur aurait fait ce payement *cum consilio fraudis*.

III. Le créancier payé d'une dette non échue, mais dont l'échéance devait arriver avant la *missio in possessionem*, ou d'une dette qui, étant privilégiée, devait être intégralement payée après la *missio in possessionem*, n'est obligé de restituer *l'interusurium* aux créanciers que si les conditions ordinaires de l'action Paulienne se trouvent réunies.

IV. Au point de vue de l'action Paulienne, la constitution de dot est, en droit romain, un acte à titre onéreux à l'égard du mari et de la femme.

V. L'acquéreur de mauvaise foi, poursuivi par l'action Paulienne, doit restituer les fruits qu'il a perçus ou dû percevoir depuis l'aliénation et avant la *litis contestatio*, quand même ils n'auraient pas été pendants par branches ni par racines lors de l'aliénation frauduleuse.

VI. Le délai pour exercer l'action Paulienne court à partir de la *venditio bonorum*.

DROIT CIVIL.

I. L'action Paulienne est admise, comme en droit romain, contre les actes par lesquels le débiteur a diminué son patrimoine et non pas contre ceux par lesquels il a seulement négligé de l'augmenter.

II. L'intention frauduleuse du débiteur est une condition essentielle de l'action Paulienne, lors même qu'elle est dirigée contre des actes à titre gratuit.

III. La constitution de dot est, au point de vue de l'action Paulienne, un acte à titre onéreux à l'égard du mari, à titre gratuit à l'égard de la femme.

IV. Les créanciers peuvent faire annuler la renonciation de leur débiteur à la prescription en prouvant que cette renonciation leur a causé un préjudice.

V. L'article 684 du Code de procédure civile apporte une dérogation au principe posé par l'article 1167 du Code civil.

VI. L'action Paulienne est toujours une action personnelle.

VII. L'action Paulienne se prescrit par trente ans à compter de l'acte frauduleux.

VIII. L'action Paulienne peut être exercée par les créanciers à terme ou conditionnels avant l'échéance du terme ou avant l'accomplissement de la condition.

IX. Les créanciers, soit chirographaires, soit hypothécaires, qui n'ont pas fait opposition au partage d'une succession, communauté ou société, ne peuvent l'attaquer, en principe, quand même il aurait été fait en fraude de leurs droits.

X. Les créanciers dont le titre est sous seing privé et qui prétendent exercer l'action Paulienne, n'ont pas à justifier que leur titre avait, dès avant la passation de l'acte attaqué, acquis date certaine, par l'un des moyens indiqués dans l'article 1328 du Code civil, si le tiers défendeur a participé à la fraude.

XI. Dans le cas où une renonciation à succession a été annulée comme frauduleuse, les cohéritiers du renonçant ne peuvent exercer contre lui une action en répétition des sommes employées à payer ses créanciers.

XII. Les créanciers postérieurs à l'acte attaqué ne peuvent profiter de la révocation de cet acte ; le jugement qui a admis l'action Paulienne ne profite même pas aux créanciers antérieurs qui n'ont pas figuré dans l'instance.

DROIT CRIMINEL.

I. Un tribunal criminel ne peut condamner comme banqueroutier un commerçant qui n'a pas été déclaré en faillite par un tribunal de commerce.

II. Les médecins ne sont pas punissables pour le crime de tentative d'avortement.

DROIT DES GENS.

I. Les ambassadeurs ne sont pas exempts, à compter de leur départ, de toutes poursuites devant les juges de leur patrie, par action nouvellement intentée.

II. Les tribunaux français sont compétents pour connaître des engagements contractés par un gouvernement étranger envers un Français; spécialement ils peuvent valider une saisie-arrêt, pratiquée en France sur des sommes appartenant à un gouvernement étranger, par un créancier français de ce gouvernement.

III. Les ambassadeurs n'ont droit de marier que deux personnes appartenant à la nation qu'ils représentent.

HISTOIRE DU DROIT.

I. Les Établissements de saint Louis ne sont pas l'œuvre de ce prince.

II. L'origine de la noblesse n'est pas romaine; la noblesse a pris naissance dans l'antrustionat.

Vu par le Président de la thèse,
DUVERGER.

Vu : Le doyen de la Faculté,
COLMET-DAAGE.

Vu et permis d'imprimer,
Le vice-recteur de l'Académie de Paris,
A. MOURIER.

2326 — Paris. — Imprimerie Arnous de Rivière et Cᵉ, rue Racine, 26.

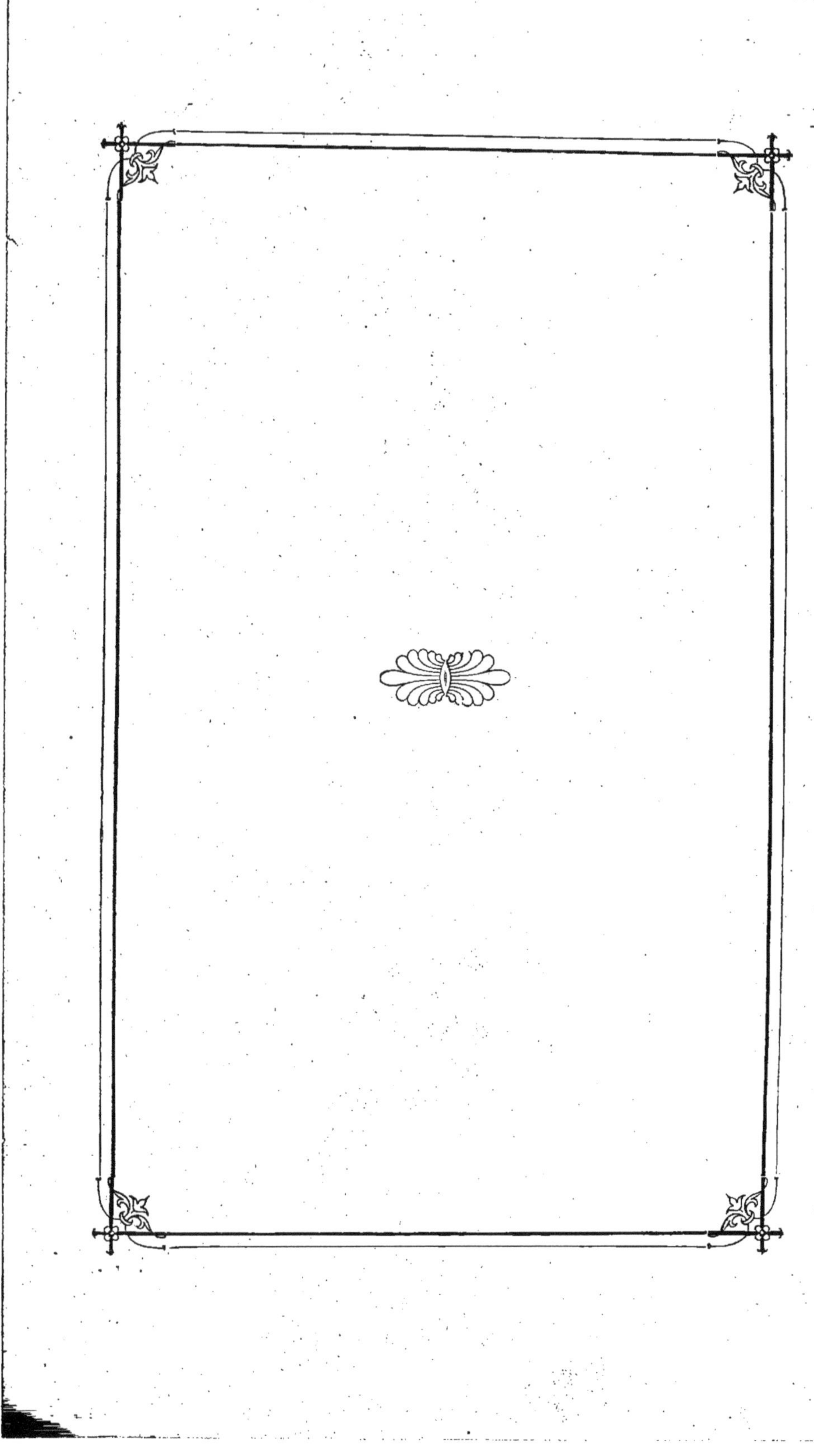

www.ingramcontent.com/pod-product-compliance
Ingram Content Group UK Ltd.
Pitfield, Milton Keynes, MK11 3LW, UK
UKHW020149220726
13923UKWH00001B/448

9 782019 263713